AF611163

CANTIQUES CHOISIS.

CANTIQUES

Choisis.

Cantate Domino omnis terra.
Ps. 95.

Lille.

L. LEFORT, IMPRIMEUR - LIBRAIRE,
RUE ESQUERMOISE, 55.

1836.

PRÉFACE.

Il est étonnant que les Cantiques ne prennent pas plus de crédit : cette apathie que l'on a pour ces chants sacrés, et pour tous les autres moyens de salut, ne peut s'expliquer que par la haine que l'ennemi du genre humain a vouée pour tout bien.

Il faut être cependant bien insensible, pour n'être point touché du grand nombre d'ames qui périssent tous les jours, faute d'avoir de quoi entretenir la vie de la grâce ; car s'il faut continuellement alimenter la vie du corps, pour ne point le voir tomber en dissolution, à combien plus forte raison faut-il alimenter la vie de l'ame, dont les principes de dissolution sont bien encore plus intenses.

Cependant, *parvuli petierunt panem, et non erat qui frangeret eis*. On aura beau dire que les moyens d'instructions suffisent, et qu'en assistant ensuite aux offices de sa paroisse, on peut opérer son salut. Je répondrai à cela que le salut s'opère avec crainte et tremblement ; qu'il faut veiller et prier sans cesse, pour résister aux tentations, et que si les Saints avaient tant de mal à résister au torrent avec tous leurs exercices, comment veut-on que des gens du commun, plongés pour la plupart dans la plus crasse ignorance ou dans toutes les occasions du péché, puissent résister au torrent et opérer leur salut? On aura beau dire que l'Eglise ne reconnaît dans ses offices que la langue des Romains, et certes l'exemple de toutes les sectes dissidentes a bien prouvé combien elle avait raison en cela, pour conserver l'uniformité de sa discipline et le respect dû à ses mystères; mais elle suppose toujours que l'on explique ses offices, que l'on fait connaître sa doctrine, et que ses enfants sont assez suffisamment instruits des vérités qu'ils renferment, pour n'y point assister comme des bûches et des machines. Et si on ne peut point chanter des Cantiques dans le corps même des offices, ne peut-on point utilement en chanter, quand ces offices sont terminés, quand on chante le salut? Par ce moyen, les peuples apprendraient à bénir le Seigneur, et en place d'entendre tant de chansons licencieuses, on n'entendrait plus désormais que les Cantiques de Sion; car le désir de chanter est un besoin pour le peuple, et s'il ne chante des Cantiques, il chantera de mauvaises chansons; et s'il chante de mauvaises chansons, il aimera le mal qu'elles renferment; et s'il aime le mal qu'elles renferment, en s'éloignant du Seigneur, il ne peut que se perdre : *parvuli petierunt panem, et non erat qui frangeret eis.*

TABLE DES CANTIQUES

PAR ORDRE ALPHABÉTIQUE.

FIN DE LA TABLE.

Cantiques choisis.

Invitation à louer et servir Dieu.

N.° 1. Air : *O Fontenay !*

Chère jeunesse, en qui, pour l'harmonie,
L'on voit fleurir le goût et les talents,
Que la sagesse, à vos accords unie,
Vous fasse fuir les profânes accents. *bis.*

A qui doit-on consacrer le bel âge,
La douce voix, les sons mélodieux ?
C'est au Seigneur qu'en appartient l'usage :
Il est l'auteur de ces dons précieux. *bis.*

Loin, loin de vous ces chants de la licence !
Prêter sa voix à de coupables airs
Serait du Ciel provoquer la vengeance,
Et de l'impie imiter les concerts. *bis.*

De la vertu chantez plutôt les charmes ;
Vos Anges saints s'uniront à vos voix ;
Et les pécheurs, les yeux remplis de larmes,
Viendront aussi se ranger sous vos lois. *bis.*

Sainte pudeur, ornement de la vie,
Tous les mortels te doivent leur encens :
Si Babylone et t'outrage et t'oublie,
Rien ne pourra te bannir de nos chants. *bis.*

Encor captifs, exilés sur la terre,
Joignons nos chants aux chants des bienheureux ;
C'est préluder dans ce lieu de misère,
Au saint emploi qui nous attend aux Cieux. *bis.*

1

N.° 2. Air : *Ne m'entendez-vous pas.*

A CHERCHER le Seigneur
Que votre cœur s'empresse ;
Montrez, chère jeunesse,
Montrez tous votre ardeur
A chercher le Seigneur.

Lui seul doit vous charmer,
Il est le bien suprême ;
Il vous aime lui-même,
Ne faut-il pas l'aimer ?
Lui seul doit vous charmer.

D'un jeune et tendre cœur,
O qu'il aime l'offrande !
A tous il la demande :
Lui seul fait le bonheur
D'un jeune et tendre cœur.

O que son joug est doux!
Non, il n'a rien de rude :
Une sainte habitude
Le rend charmant pour nous
O que son joug est doux !

Commencez dès ce jour
D'aimer un si bon Père ;
Souvent pour qui diffère,
Il n'est plus de retour :
Commencez dès ce jour.

Pour le bien ou le mal,
L'on est dans la vieillesse
Tel que dans la jeunesse ;
L'on fait un train égal
Pour le bien ou le mal.

Respectez vos parents,
Quoi de plus nécessaire !
Craignez de leur déplaire,
Soyez obéissants
Respectez vos parents.

Fuyez les vains plaisirs
Que le monde présente,

Qu'une vie innocente
Fixe tous vos désirs ;
Fuyez les vains plaisirs.

Aimez la pureté,
Quel bien plus aimable !
Rien n'est plus agréable
Au Dieu de sainteté,
Aimez la pureté.

Les enfants sans pudeur
Qui n'aiment que le vice
Inspirent leur malice :
Fuyez avec horreur
Les enfants sans pudeur.

Pour bien régler vos mœurs
Méditez la loi sainte :
Ah ! qu'elle soit empreinte
Dans le fond de vos cœurs ;
Pour bien régler vos mœurs.

O Dieu plein de bonté !
Garantissez sans cesse
Cette tendre jeunesse
De toute iniquité ;
O Dieu plein de bonté !

Régnez seul dans les cœurs,
Soyez tout leur partage,
Et qu'en croissant en âge,
Ils croissent en ferveur :
Régnez seul dans leur cœur.

N.° 3.

Pleins de ferveur,
Brûlons sans cesse,
Pleins de ferveur,
Pour le Seigneur.
A n'aimer que lui tout nous presse,
Lui seul mérite notre cœur.
Pleins de ferveur,
Brûlons sans cesse,
Pleins de ferveur,
Pour le Seigneur.

Lui seul est grand,
Seul adorable;
Lui seul est grand,
Seul tout-puissant.
Ah! qu'il est beau! qu'il est aimable!
En lui que tout est ravissant!
Lui seul est grand, etc.

Plein de bonté
Pour un coupable,
Plein de bonté,
De charité.
Ce Dieu, dans son Sang adorable,
A lavé mon iniquité.
Plein de bonté, etc.

Viens m'animer,
Amour céleste,
Viens m'animer,
Viens m'enflammer.
Plein de dégoût pour tout le reste,
C'est Dieu seul que je veux aimer.
Viens m'animer, etc.

Ce n'est qu'à vous
Que je veux être,
Ce n'est qu'à vous,
O Dieu si doux!
Possédez seul, aimable Maître,
Un cœur dont vous êtes jaloux.
Ce n'est qu'à vous, etc.

Quelle douceur
Quand on vous aime!
Quelle douceur!
Quelle faveur!
On goûte au-dedans de soi-même
Une paix qui ravit le cœur.
Quelle douceur, etc.

Régnez en moi,
Dieu tout aimable,
Régnez en moi,
Mon divin Roi.
Pour gage d'amour véritable,
Que je suive en tout votre loi.
Régnez en moi, etc.

C'est mon désir,
Dieu de mon ame,
C'est mon désir
De vous servir.
De plus en plus que je m'enflamme,
Que d'amour je puisse mourir.
C'est mon désir, etc.

N.° 4.

Bénissons à jamais
Le Seigneur dans ses bienfaits.
Bénissez-le, saints Anges,
Louez sa Majesté;
Rendez à sa bonté
Mille et mille louanges.
Bénissons, etc.

O que c'est un bon Père?
Qu'il a grand soin de nous!
Il nous supporte tous,
Malgré notre misère.
Bénissons, etc.

Comme un pasteur fidèle,
Sans craindre le travail,
Il ramène au bercail
Une brebis rebelle.
Bénissons, etc.

Il a brisé ma chaîne,
Comme un puissant vainqueur:
Et comme un doux Sauveur,
Il m'a mis hors de peine.
Bénissons, etc.

Il a guéri mon ame,
Comme un bon médecin,
Comme un Maître divin,
Il m'éclaire et m'enflamme.
Bénissons, etc.

Il me comble à toute heure
De grâce et de faveur;

Dans le fond de mon cœur
Il a pris sa demeure,
Bénissons, etc.

Que tout loue en ma place
Un Dieu si plein d'amour;
Qui me fait chaque jour
Une nouvelle grace.
Bénissons, etc.

Sa bonté me supporte,
Sa lumière m'instruit,
Sa beauté me ravit,
Son amour me transporte.
Bénissons, etc.

Oui, sa douceur m'enchaîne;
Sa grâce me guérit,
Sa force m'affermit,
Sa charité m'entraîne.
Bénissons, etc.

Dieu seul est ma tendresse,
Dieu seul est mon soutien,
Dieu seul est tout mon bien,
Ma vie et ma richesse.
Bénissons à jamais
Le Seigneur dans ses bienfaits.

N.° 5. Air : *Quand le péril est agréable.*

Bénissez le Seigneur suprême,
Petits oiseaux dans vos forêts :
Dites, sous ces ombrages frais,
Dieu mérite qu'on l'aime.

Doux rossignols, dites de même,
Ou tous ensemble, ou tour-à-tour,
Et que les échos d'alentour
Vous répondent qu'on l'aime.

Triste et plaintive tourterelle,
Bénissez Dieu, rien n'est si doux ;
Je devrais plus gémir que vous,
Mais je suis moins fidèle.

Paissez, moutons, en assurance,
Et bénissez le bon Pasteur,
Voit-il en moi votre douceur.
Ah! quelle différence!

Tendres zéphirs, qui dans nos plaines
Murmurez si paisiblement,
Bénissez-le chaque moment
Par vos douces haleines.

Entre ces deux rives fleuries,
Bénissez Dieu, petit ruisseau;
Tout passe, hélas! comme votre eau
Passe dans ces prairies.

Dans ces beaux lieux tout est fertile
J'y vois des fruits, j'y vois des fleurs,
Je le dis en versant des pleurs,
Je suis l'arbre stérile.

Charmante fleur, un jour voit naître
Et mourir cet éclat si doux;
Je mourrai bientôt après vous,
Plutôt que vous peut-être.

Mer en courroux, mer implacable,
Je dois bien craindre le Seigneur;
Ainsi que vous dans sa fureur,
Il est inexorable.

Tonnerre, éclairs, bruyante foudre,
Marquez son pouvoir, sa grandeur;
Dieu peut confondrel e pécheur,
Et le réduire en poudre.

Que ce grand fleuve, dans sa course,
Disais-je un jour plein de ferveur,
Si je vous offense, Seigneur,
Remonte vers sa source.

Mais remontez avec vitesse,
Vers cet endroit d'où vous partez;
Changez de cours, fleuve, changez,
Car je pèche sans cesse.

Comme le cerf court aux fontaines
Pressé de soif et de chaleur:
Ainsi je vais à vous, Seigneur,
Adoucissez mes peines.

Que le soleil et que l'aurore,
Les campagnes et les moissons;
Que les reptiles et les poissons,
Que tout enfin vous adore.

Dieu tout-puissant en qui j'espère,
Soyez toujours notre protecteur;
Je suis un ingrat, un pécheur,
Mais vous êtes mon Père.

N.° 6. Air : *Je l'ai planté*, etc.

Heureux séjour de l'innocence,
Ruisseaux, vallons délicieux,
Chantons celui dont la puissance
Forma ces agréables lieux. *bis.*

Il fait naître cette verdure,
Il l'embellit de mille fleurs;
Mais s'il pare ainsi la nature,
Ce n'est que pour gagner nos cœurs. *bis.*

Dans cette aimable solitude,
Où tout semble fait pour charmer,
Je le sers sans inquiétude;
Et ne m'occupe qu'à l'aimer. *bis.*

Sur un chêne de ce bocage
Je gravai son nom l'autre jour;
Le chêne croîtra d'âge en âge,
Avec lui croîtra mon amour. *bis.*

L'astre brillant qui nous éclaire
Nourrit et ranime les fleurs;
Ainsi sa grâce salutaire
Échauffe et ranime nos cœurs. *bis.*

Un lis brille sur ce rivage
Par son éclatante blancheur;
Heureux si ce lis est l'image
De la pureté de mon cœur! *bis.*

Oiseaux, dont les chants pleins de charmes
Forment les plus tendres accents,
Je vous entendrai sans alarmes,
Tous vos concerts sont innocents. *bis.*

Ruisseau, si je grossis ton onde,
Si j'y mêle souvent mes pleurs,
C'est que ta course vagabonde
Me fait songer à mes erreurs. *bis.*

Cette abeille pique et s'envole
En laissant l'aiguillon vengeur.
Ainsi passe un plaisir frivole,
Il n'en reste que la douleur. *bis.*

Paissez, agneaux, dans la prairie,
Et bénissez le bon Pasteur :
Qu'on est paisible dans la vie,
Lorsqu'on a votre douceur ! *bis.*

N.° 7.

Douce retraite, aimable solitude,
Lieux ennemis de l'éclat et du bruit,
On est chez vous libre d'inquiétude,
Et des soucis que le monde produit.

De ces beaux lieux la bénigne influence
Fait respirer un air pur et serein ;
C'est le séjour de l'aimable innocence;
C'est l'avant-goût du bonheur souverain.

Du Dieu vivant de qui j'ai reçu l'être,
Tout en ces lieux me parle tour-à-tour ;
Jusqu'aux rochers tout me le fait connaître,
Et tout pour lui ranime mon amour.

Tantôt errant de prairie en prairie,
Si je m'arrête au bord d'un clair ruisseau,
Hélas ! me dis-je, ainsi coule la vie,
Elle s'enfuit plus vite que cette eau.

Si des oiseaux j'entends le doux ramage,
Leur voix m'invite à chanter à mon tour;
Alors, des Saints empruntant le langage,
Au Dieu puissant j'adresse un chant d'amour.

Rose charmante, en qui je vois paraître
Tant d'éclat joint au parfum le plus doux,
Dans peu de temps vous mourrez; mais peut-être
Vivrai-je, hélas ! encore moins que vous.

Lorsque j'entends ; sous un épais feuillage,
Autour de moi murmurer les zéphirs,
Avec plaisir j'imite leur langage,
Et vers le Ciel je pousse des soupirs.

Quand à mes yeux un arbre se présente,
Courbé, pliant sous le poids de son fruit,
Je le regarde, et d'une voix tremblante,
Hélas! me dis-je, ai-je encore rien produit?

Dès que la nuit étend ses sombres voiles,
Je me rappelle et la mort et son deuil;
Et je crois voir, dans le feu des étoiles,
Les pâles feux qui suivent un cercueil.

Rempli du Dieu que j'aime et que j'adore,
J'en entretiens les rochers d'alentour;
Ils sont témoins du feu qui me dévore,
Et leurs échos en parlent nuit et jour.

N.° 8

Tout me confond dans ce charmant asile,
Et chaque objet irrite ma douleur:
Jamais, Seigneur, un pécheur n'est tranquille,
Si vous n'avez l'empire de son cœur.

Tout suit ici le cours de la nature,
Tout obéit à votre aimable voix:
Je suis, hélas! la seule créature
Qui ne suit pas vos adorables lois.

Le clair ruisseau dont l'onde coule et passe,
Suit le chemin que le Ciel a tracé;
Mais le chemin que votre main me trace
N'est que trop tôt de mon cœur effacé.

Tel, en tout temps, qu'il fut dès sa naissance,
Un lis charmant conserve sa blancheur;
Et je perdis, hélas! mon innocence,
Dès que je fus le maître de mon cœur.

Le papillon, ami du badinage,
Sans s'arrêter voltige autour des fleurs:
Je fus jadis du moins aussi volage,
Et mon erreur est plus digne de pleurs.

Tendres oiseaux, par votre doux ramage,
Vous bénissez le Dieu qui vous a faits;
Et moi qui suis, comme vous, son ouvrage,
Ai-je jamais célébré ses bienfaits?

Astres brillants, en éclairant la terre,
Vous annoncez sa gloire et sa grandeur;
Et moi, malgré sa foudre et son tonnerre,
Par mes mépris j'insulte à sa grandeur.

Dans les beaux jours de ma plus tendre enfance,
Je fus, zéphyrs, inconstant comme vous;
Ou si mon cœur se piqua de constance,
Ce fut toujours pour braver son courroux.

Pourquoi, Seigneur, de vos faveurs insignes
Prévenez-vous les mortels ici-bas?
De vos faveurs les mortels sont indignes;
Vos plus grands soins font de plus grands ingrats.

Plaisirs trompeurs, que vous causez d'alarmes!
Que vous coûtez de pleurs et de soupirs!
Désabusé de vos funestes charmes,
Vers mon Dieu seul je porte mes désirs.

Invitation à la pénitence.

N.° 9. Air : *Dans mes malheurs que faut-il que j'espère.*

INTERROGATION.

Reviens, pécheur, à ton Dieu qui t'appelle,
Viens au plus tôt te ranger sous sa loi;
Tu n'as été déjà que trop rebelle,
Reviens à lui puisqu'il revient à toi.

RÉPONSE.

Voici, Seigneur, cette brebis errante,
Que vous daignez chercher depuis long-temps;
Touché, confus d'une si longue attente,
Sans plus tarder, je reviens, je me rends.

INTERROGATION.

Dans tes erreurs ma voix se fait entendre,
Sans me lasser partout je te poursuis;
D'un Dieu, d'un Roi, d'un Père le plus tendre,
J'ai les attraits, ingrat, et tu me fuis.

RÉPONSE.

Errant, perdu, je cherchais un asile ;
Je m'efforçais de vivre sans effroi ;
Hélas! Seigneur, pouvais-je être tranquille,
Si loin de vous, et vous si loin de moi ?

INTERROGATION.

Attraits, remords, frayeur, secret langage,
Qu'ai-je oublié dans mon amour constant ?
Ai-je pour toi dû faire davantage ?
Ai-je pour toi dû même en faire autant ?

RÉPONSE.

Que je redoute un Juge, un Dieu sévère :
J'ai prodigué des biens qui sont sans prix.
Comment oser vous appeler mon Père ?
Comment oser me dire votre fils ?

INTERROGATION.

Si je suis bon, faut-il que tu m'offenses ?
Ton méchant cœur s'en prévaut chaque jour,
Plus de rigueur vaincrait ta résistance,
Tu m'aimerais, si j'avais moins d'amour.

RÉPONSE.

Dieu de mon cœur, principe de tout être,
Unique objet, digne de nous charmer,
Que j'ai été long-temps sans vous connaître !
Que j'ai été long-temps sans vous aimer !

INTERROGATION.

Marche au grand jour où j'offre ma lumière ;
A sa faveur tu peux faire le bien.
La nuit bientôt finira ta carrière,
Funeste nuit où l'on ne peut plus rien.

RÉPONSE.

e sens enfin, Seigneur, mon injustice ;
ardonnez-moi ce long égarement,
me déplaît, je m'en fais un supplice,
t pour vous seul, j'en pleure amèrement.

N.° 10. *Air connu.*

UT-IL jamais erreur plus déplorable ?
ous désirons les faux biens d'ici-bas ;
t le salut, le seul bien véritable,
élas ! nos cœurs ne le désirent pas.

ommes-nous faits pour des biens si fragiles,
u'on voit passer ainsi qu'une vapeur,
t qui, pour nous, en chagrins sont fertiles ;
h ! de tels biens sont-ils le vrai bonheur ?

n Dieu pour nous souffre une mort honteuse :
u'une ame est donc d'une grande valeur !
t pour un rien cette ame précieuse,
ous l'exposons à l'éternel malheur.

erdre son ame, ô perte inestimable !
uel bien pourrait nous en dédommager ?
e tous les maux c'est le seul redoutable ;
out autre mal n'est qu'un mal passager.

ui, désormais, les maux les plus sensibles,
La pauvreté, la douleur, le mépris
Ne doivent plus nous paraître terribles ;
Sauvons notre ame, et nos maux sont finis.

Mais c'est en vain que nés dans l'opulence,
Nous jouissons du bonheur le plus doux.
Plaisirs, honneurs, et grandeur et puissance,
Sans le salut tout est perdu pour nous.

Y pensons-nous, insensés que nous sommes !
Nous ne courons qu'après la vanité.
Dieu tout-puissant ! quand verra-t-on les hommes
Plus occupés de leur éternité ?

N.° 11.

Pauvre pécheur, reviens à ton Seigneur;
Il t'appelle, il se fait entendre.
Il veut qu'enfin, vaincu par sa douceur,
Ton cœur à lui vienne se rendre.
Pour te gagner, ô mon fils, réponds-moi,
De plus qu'aurais-je donc pu faire?
Dans tous les temps n'ai-je pas fait pour toi
Bien plus que le plus tendre père?

Chœur. Pauvres pécheurs, revenons au Seigneur;
Il nous parle, il se fait entendre:
Il veut qu'enfin vaincus par sa douceur,
Nos cœurs à lui viennent se rendre.

Et mon amour, porté jusqu'à l'excès,
Tu l'as payé d'indifférence!
Et tout le prix de mes divins bienfaits,
Ce fut toujours nouvelle offense!
Quand tu n'étais encore que néant,
Mon amour te destinait l'être;
Et dans le temps ma droite en te créant,
Pour régner au Ciel te fit naître.
Chœur. Pauvres pécheurs, etc.

Toujours conduit par ma bonté pour toi,
Je me suis rendu ton semblable;
Je m'abaissai pour t'élever à moi,
Jusqu'à naître dans une étable.
Touché des maux qu'attira sur ton sort
De Satan la cruelle envie,
Pour t'arracher à l'éternelle mort,
Sur la Croix j'immolai ma vie.
Chœur. Pauvres pécheurs, etc.

Mon bras pouvait, par d'éternels tourments,
Te punir dès ton premier crime;
Mon cœur, suivant ses doux empressements,
Voulut te sauver de l'abîme.
Que de pécheurs moins coupables que toi,
Eprouvent toute ma vengeance!
Oui, j'ai tout fait pour t'attacher à moi
Par la plus tendre préférence.
Chœur. Pauvres pécheurs, etc.

Ah! reviens donc, enfant de ma douleur,
Entre les bras de ma clémence;
Par ton retour console ton Sauveur:
Que m'aimer soit ta pénitence.
Pour te montrer sensible à mes bienfaits,
Renonce enfin à toute offense;
Fais-moi le don de ton cœur pour jamais:
Et paie ainsi mon indulgence.
Chœur. Pauvres pécheurs, etc.

Ah! je me rends, trop aimable Sauveur,
Mon cœur est vaincu par vos charmes;
Tant de bontés le brisent de douleur,
Et de mes yeux tirent des larmes.
Dès ce moment, oui, bien plutôt mourir,
Que d'oser jamais vous déplaire!
C'est désormais mon plus ardent désir,
D'aimer sans cesse un si bon Père.
Chœur. Pauvres pécheurs, etc.

N.° 12. *Air du* Confiteor.

Servons Dieu, notre Créateur,
Lui seul est notre bien suprême;
Lui seul peut faire le bonheur
Des cœurs qu'il a faits pour lui-même. *bis.*

Dans les enfers (*bis*) il n'est plus temps
De dire : je renonce aux sens. *bis.*

A quoi pensez-vous, ô chrétiens,
Quand vous aimez la bagatelle?
Qu'attendez-vous de tous ces riens
Qui trompent votre ame immortelle? *bis.*

Dans les enfers (*bis*) sera-t-il temps
De dire, etc.

Que vous servira dans l'enfer
D'avoir eu beaucoup de richesses,
D'avoir tant flatté votre chair
Par de condamnables caresses? *bis.*

Dans les enfers (*bis*) sera-t-il, etc.

Toujours ! jamais ! éternité !
Comprenez-vous ces mots terribles ?
Comment à cette vérité
N'êtes-vous donc pas plus sensibles ? *bis.*

Dans les enfers (*bis*) sera-t-il, etc.

Quand je dis une éternité,
Je tremble et tout mon corps frissonne.
Toujours ! Dieu ! quelle vérité !
Ah ! si Jésus nous abandonne !..... *bis.*

Dans les enfers (*bis*) sera-t-il, etc.

Pensez-y-bien, le temps s'enfuit,
Renoncez au plaisir infâme :
Pécheur, dit Jésus, cette nuit
On va te demander ton ame. *bis.*

Dans les enfers (*bis*) sera-t-il, etc.

Vierge sainte, nous périssons :
Pour Dieu, sauvez-nous du naufrage :
Faites que toujours nous pensions
Que le Ciel est notre héritage. *bis.*

Dans les enfers (*bis*) il n'est plus temps
De dire : je renonce aux sens.

Fins dernières.

N.° 13. Air : *Partez, puisque Mars*, etc.

Dieu va déployer sa puissance,
Le temps comme un songe s'enfuit.
Les siècles sont passés, l'éternité commence,
Le monde va rentrer dans l'horreur de la nuit.
Dieu, etc.

J'entends la trompette effrayante;
Quel bruit ! quels lugubres éclairs !
Le Seigneur a lancé la foudre étincelante,
Et ses feux dévorants embrasent l'univers.
J'entends, etc.

Les monts foudroyés se renversent,
Les êtres sont tous confondus !
La mer ouvre son sein, les ondes se dispersent,
Tout est dans le chaos, et la terre n'est plus.
Les monts, etc.

Sortez des tombeaux, ô poussière !
Dépouille des pâles humains :
Le Seigneur vous appelle, il vous rend la lumière ;
Il va sonder les cœurs et fixer vos destins.
Sortez, etc.

Il vient ; tout est dans le silence ;
Sa Croix porte au loin la terreur ;
Le pécheur consterné frémit en sa présence,
Et le juste lui-même est saisi de frayeur.
Il vient, etc.

Assis sur un trône de gloire,
Il dit : Venez, ô mes élus !
Comme moi vous avez remporté la victoire,
Recevez de mes mains le prix de vos vertus.
Assis, etc.

Tombez dans le sein des abîmes ;
Tombez, pécheur audacieux ;
De mon juste courroux immortelles victimes,
Vils suppôts des démons, vous brûlerez comme eux.
Tombez, etc.

Vous n'êtes plus, vaines chimères ;
Objets d'un sacrilége amour :
Fléau du genre humain, oppresseurs de vos frères,
Héros tant célébrés, qu'avez-vous dans ce jour ?
Vous n'êtes, etc.

Triste éternité des supplices ;
Tu vas donc commencer ton cours !
De l'heureuse Sion ineffables délices,
Bonheur, gloire des Saints, vous durerez toujours.
Triste éternité, etc.

Grand Dieu, qui sera la victime
De ton implacable fureur ?
Quel noir pressentiment me tourmente et m'opprime !
La crainte et les remords me déchirent le cœur.
Grand Dieu, etc.

De tes jugements, Dieu sévère,
Pourrai-je subir les rigueurs?
J'ai péché, mais ton Sang désarme ta colère;
J'ai péché, mais mon crime est éteint par mes pleurs.
De tes jugements, etc.

N.° 14.

Tremblez, habitants de la terre,
Tremblez, le Seigneur va venir;
Le Ciel dans son courroux fait gronder le tonnerre;
Heureux qui sait prévoir l'effroyable avenir! Tremblez, etc.

Mon cœur, aveuglé par le crime,
Se jouait de l'éternité,
Mais, ô fatale erreur! dans un affreux abîme
Au moment du trépas je fus précipité. Mon cœur, etc.

Venez, trop aveugle jeunesse,
Venez vous instruire aux tombeaux;
Vous connaîtrez enfin le prix de la sagesse,
Lorsque vous entendrez le récit de mes maux. Venez, etc.

Dans cet océan de souffrances
Comment raconter mes malheurs?
Percé par mille traits des célestes vengeances,
Victime de l'enfer, en proie à ses horreurs. Dans cet océan, etc.

Du sein de ce lieu de ténèbres
S'élève une noire vapeur;
Les abîmes, couverts de ces voiles funèbres,
Ne sont plus qu'un séjour d'épouvante et d'horreur. Du sein, etc.

Bonheur! Paradis de délices!
Beau Ciel, ô cité des élus!
J'étais créé pour vous, et d'éternels supplices
Sont devenus ma part: je suis mort sans vertus. Bonheur, etc.

Si le Ciel à mes vœux propice,
Devait un jour briser mes fers,
Que ne ferais-je pas pour calmer sa justice!
Mais il faudra toujours souffrir dans les enfers. Si le Ciel, etc.

N.° 15. *Air nouveau.*

Au fond des brûlants abîmes
Nous gémissons, nous pleurons;
Et pour expier nos crimes,
Loin de Dieu nous y souffrons.
Hélas ! hélas !
Feu vengeur, de tes victimes
Les pleurs ne t'éteignent pas!
Hélas! hélas, etc.

A l'aspect de nos supplices,
Chrétiens, attendrissez-vous :
A nos maux soyez propices,
O nos frères, sauvez-nous.
Hélas! hélas!
Le Ciel, sans vos sacrifices,
Ne les abrégera pas.
Hélas! hélas, etc.

De ces flammes dévorantes
Vous pouvez nous arracher :
Hâtez-vous, ames ferventes,
Dieu se laissera toucher.
Hélas! hélas!
De ces peines si cuisantes
La fin ne vient-elle pas?
Hélas! hélas! etc.

Grand Dieu, de votre justice
Désarmez le bras vengeur :
Que notre malheur finisse
Par le sang d'un Dieu vengeur.
Hélas! hélas!
Votre main libératrice
Ne s'étendra-t-elle pas?
Hélas! hélas! etc.

N.° 16. Air : *Or, nous dites Marie.*

D. Du séjour de sa gloire,
Bienheureux, dites-nous,
Après votre victoire,
Quels biens possédez-vous?

R. Ces biens sont ineffables :
Le cœur n'a point compris
Quels trésors admirables
Dieu garde à ses amis.

D. Martyrs, dont le courage
Triompha des bourreaux,
Quel est votre partage
Après de si grands maux?

R. Tous, la couronne en tête,
Et la palme en nos mains,
Nous chantons la conquête
Du Sauveur des humains.

D. Docteurs, fameux oracles,
Interprètes des Cieux,
Par quels nouveaux miracles
Dieu frappe-t-il vos yeux?

R. Ah! quel bonheur extrême
D'aller en sûreté,
Dans le sein de Dieu même,
Puiser la vérité.

D. Vous, humbles solitaires
Que l'Egypte a produits,
De vos jeûnes austères
Quels sont enfin les fruits?

R. Pour tous nos sacrifices
Et nos saintes rigueurs,
Un torrent de délices
Vient inonder nos cœurs.

D. Vous, épouses fidèles
Du plus fidèle époux,
Pour des ardeurs si belles,
Quels plaisirs goûtez-vous!

R. Epouses fortunées,
Nous pouvons en tous lieux,
De roses couronnées,
Suivre l'Agneau de Dieu.

D. Vous qui du riche avare
Eprouviez les froideurs,
Compagnons du Lazare,
Quelles sont vos douceurs?

R. Nous mangeons à la table
Du Roi de l'univers;
Le riche impitoyable
Est au fond des enfers.

D. Et vous, qu'un pain de larmes
Nourrissait chaque jour,
Quels sont pour vous les charmes
Du céleste séjour?

R. Une main secourable
Daigne essuyer nos pleurs,
Un repos désirable
Succède à nos douleurs.

D. Mais quelle est la durée
D'un si charmant repos?
Dieu l'a-t-il mesurée
Sur celle de vos maux?

R. Dieu, de qui les souffrances
Abrégea les moments,
Veut que ses récompenses
Durent dans tous les temps.

D. Ah! daignez nous apprendre
En cet exil cruel,
Quelle route il faut prendre
Pour arriver au Ciel?

R. Si vous voulez nous suivre,
Marchez en combattant,
Et sans cesser de vivre,
Mourez à chaque instant.

D. Mais la peine est extrême;
Comment vivre toujours

En guerre avec soi-même
Et mourir tous les jours!

R. Si la route est fâcheuse,
Le trône est plein d'appas;
Une couronne heureuse
Pour de légers combats.

N.° 18. Air : *A chercher le Seigneur.*

Le Ciel en est le prix !
Que ces mots sont sublimes !
Des plus belles maximes
Voilà tout le précis :
Le Ciel en est le prix!

Le Ciel en est le prix!
Mon ame, prends courage :
Ah! si dans l'esclavage
Ici-bas tu gémis,
Le Ciel en est le prix.

Le Ciel en est le prix!
Amusement frivole,
De grand cœur je t'immole
Aux pieds du Crucifix,
Le Ciel en est le prix.

Le Ciel en est le prix!
La loi demande-t-elle,
Fût-ce une bagatelle,
N'importe, j'obéis,
Le Ciel en est le prix.

Le Ciel en est le prix!
Un rien, Seigneur, vous charme,
Que faut-il? une larme,
Qui n'en serait surpris?
Le Ciel en est le prix.

Le Ciel en est le prix!
Rends pour moi ce service...
Fais-moi ce sacrifice...
Dieu parle, j'y souscris;
Le Ciel en est le prix!

Le Ciel en est le prix!
Endurons cette injure :
L'amour-propre en murmure;
Mais tout bas, je lui dis :
Le Ciel en est le prix!

Le Ciel en est le prix!
Dans l'éternel Empire,
Qu'il sera doux de dire :
Tous mes maux sont finis,
Le Ciel en est le prix.

Retour du Pécheur.

N.° 19. Air : *Languedocien.*

Hélas !
Quelle douleur
Remplit mon cœur,
Fait couler mes larmes!

Hélas!
Quelle douleur
Remplit mon cœur
De crainte et d'horreur!

Autrefois
Seigneur, sans alarmes,
De tes lois
Je goûtais les charmes.
Hélas!
Vœux superflus;
Beaux jours perdus,
Vous ne serez plus!...

La mort
Déjà me suit;
O triste nuit!
Déjà je succombe :
La mort
Déjà me suit;
Le monde fuit!
Tout s'évanouit.
Je la vois
Entr'ouvrant ma tombe,
Et sa voix
M'appelle, et j'y tombe.
O mort!
Cruelle mort!
Si jeune encore!...
Quel funeste sort!

Frémis,
Ingrat pécheur,
Un Dieu vengeur,
D'un regard sévère,
Frémis,
Ingrat pécheur,
Un Dieu vengeur
Va sonder ton cœur.
Malheureux!
Entends son tonnerre,
Si tu peux,
Soutiens sa colère :
Frémis!
Seul aujourd'hui,
Sans nul appui,
Parais devant lui.

Grand Dieu!
Quel jour affreux
Luit à mes yeux!
Quel horrible abîme!
Grand Dieu!
Quel jour affreux
Luit à mes yeux!
Quels lugubres feux!
Oui, l'enfer,
Vengeur de mon crime,
Est ouvert,
Attend sa victime.
Grand Dieu!
Quel avenir!
Pleurer, gémir,
Toujours te haïr.

Beau ciel,
Je t'ai perdu,
Je t'ai vendu
Par de vains caprices.
Beau ciel,
Je t'ai perdu,
Je t'ai vendu;
Regret superflu!
Loin de toi,
Toutes les délices
Sont pour moi
De nouveaux supplices.
Beau ciel,
Toi que j'aimais,
Qui me charmais,
Ne te voir jamais!...

O vous,
Enfants pieux,
Toujours joyeux
Et pleins d'espérance!
O vous,
Enfants pieux,
Toujours joyeux!
Moi seul malheureux!
J'ai voulu
Sortir de l'enfance;
J'ai perdu
L'aimable innocence.
O vous,
Du ciel un jour
Heureuse cour,
Adieu, sans retour!

Non, non,
C'est une erreur :
Dans mon malheur,
Hélas ! je m'oublie.
Non, non,
C'est une erreur :
Dans mon malheur
Je trouve un sauveur.
Il m'entend,
Me réconcilie,
Dans son sang
Je reprends la vie.
Non, non,
Je l'aime encor,
Et le remord
A changé mon sort.

Jésus,
Manne des cieux,
Pain des eureux,
Mon cœur te réclame :
Jésus,
Manne des cieux,
Pain des heureux,
Viens combler mes vœux !
Désormais
Ta divine flamme,
Pour jamais
Embrase mon ame.
Jésus,
O mon Sauveur !
Fais de mon cœur
L'éternel bonheur.

N.° 19.

Mon Dieu, mon cœur touché
D'avoir péché,
Demande grâce :
Joins à tous tes bienfaits
L'oubli de mes excès.
J'avais du monde, hélas ! voulu suivre la trace,
Pardon, mon Dieu ! pardon :
N'es-tu pas un Dieu bon ?

Ah ! ah ! dans cette saison
Où ma raison
Devait te suivre,
J'errais les jours entiers ;
Dans de honteux sentiers ;
Comment à mes malheurs m'as-tu laissé survivre ?
Pardon, etc.

Tu me disais souvent,
Viens, mon enfant,
Ma voix t'appelle ;
J'allais à mes plaisirs
Au gré de mes désirs,
Et tu pus si long-temps souffrir un fils rebelle !
Pardon, etc.

Je pouvais bien périr
Sans recourir
A ta clémence;
J'aurais traîné mes fers
Dans le fond des enfers:
Comment porter alors le poids de ta vengeance?
Pardon, etc.

Etant si sensuel,
D'un feu cruel souffrir la peine!
Formé pour le bonheur,
Languir dans la douleur!
Et d'un maître irrité porter toute la haine!
Pardon, etc.

Mon Dieu, toujours gémir,
Jamais jouir
De ta présence;
N'avoir aucun espoir
D'aller un jour te voir:
Toujours porter l'ennui d'une éternelle absence!
Pardon, etc.

Condamné par ta loi,
Privé de toi
Par ma malice,
Coupable infortuné,
Pourquoi serais-je né?
Fais taire à mon égard les droits de la justice.
Pardon, etc.

Plus juste désormais,
Et pour jamais
Toujours fidèle,
Je vivrai dans les pleurs,
Dans les saintes rigueurs;
Heureux, si je parviens à la gloire immortelle!
Pardon, etc.

N.° 20. Air: *Nous aimons les plaisirs champêtres.*

En secret le Seigneur m'appelle,
Et me dit, donne-moi ton cœur,
O mon Dieu! vous voilà vainqueur,
Je vous serai toujours fidèle.
O mon Dieu! vous voilà vainqueur,
Le monde n'est qu'un perfide, un trompeur.

Tout finit, tout nous abandonne,
Les plaisirs s'en vont et les jeux;
Vous, Seigneur, n'êtes pas comme eux,
Prenez mon cœur, je vous le donne;
Vous, Seigneur, n'êtes pas comme eux,
Pour vous désormais seront tous mes vœux.

Que sans Dieu l'on est misérable,
Rien sans lui ne nous paraît doux:
Mais, sitôt qu'il est avec nous,
La peine même est agréable:
Mais, sitôt qu'il est avec nous,
D'un mauvais sort on ne craint plus les coups.

Malheureux qui veut plaire aux hommes,
On n'a pas toujours leur faveur:
Mais, pour être amis du Sauveur,
Dès que nous voulons, nous le sommes:
Mais, pour être amis du Sauveur,
En un moment on obtient ce bonheur.

L'amitié n'est plus qu'un langage,
C'est en vain qu'on en fait serment.
Je ne vois que déguisement,
Que jouer de faux personnages:
Je ne vois que déguisement,
On dit qu'on aime, et l'on hait très-souvent.

Tout est plein de ruse et d'adresse,
La mode est de nuire avec art.
Tel pour vous a beaucoup d'égard,
Il vous sourit, il vous caresse:
Tel pour vous a beaucoup d'égard,
Qui doucement enfonce le poignard.

Cependant on n'ose se plaindre,
Chagrins, maux, il faut tout céler,
Gardez-vous, dit-on, de parler,
Il faut se taire et se contraindre.
Gardez-vous, dit-on, de parler,
Le bon parti c'est de dissimuler.

Ah! Seigneur, dans votre service,
On n'a point de fâcheux recours;
On ne craint aucuns mauvais tours
De la brigue et de l'artifice:
On ne craint aucuns mauvais tours,
On voit couler tranquillement ses jours.

Vous fixez notre inquiétude,
Vous pouvez seul nous contenter.
Votre joug est doux à porter,
Celui du monde est bien plus rude :
Votre joug est doux à porter,
A peu de frais le ciel peut s'acheter.

Le monde nous promet merveilles ;
L'abord n'est qu'éclat, que beauté :
Mais, après qu'il nous a flatté,
Quel est le fruit de tant de veilles ?
Mais, après qu'il nous a flatté,
On voit que trop qu'il n'est que vanité.

Le monde n'est jamais paisible,
Cette mer ne peut se calmer.
Ai-je pu m'en laisser charmer,
Et pour Dieu seul être insensible ?
Ai-je pu m'en laisser charmer,
Et vivre, hélas ! Seigneur, sans vous aimer.

Ancienne, mais toujours nouvelle,
Ancienne et nouvelle beauté,
Je vous ai long-temps résisté,
J'étais un ingrat, un rebelle,
Je vous ai long-temps résisté,
Enfin, mon Dieu, vous l'avez emporté.

Cherchons donc quelque solitude,
Il est temps de songer à soi.
Ah ! Seigneur, augmentez ma foi,
Vous serez mon unique étude,
Ah ! Seigneur, augmentez ma foi,
Je veux en paix méditer votre loi.

N.° 21. Air : *Du bonheur on parle sans cesse.*

Du triste poids qui vous accable
Il faut, pécheurs, vous délivrer ;
La grâce est un bien désirable
Il est temps de la recouvrer.
Qu'un vrai repentir vous anime,
Allez à la confession ;
Vous recevrez de votre crime
Une entière rémission.

Méritant d'un Dieu la vengeance,
Pour toujours vous deviez périr;
Mais voyez quelle est sa clémence,
Il veut encor vous secourir.
Songez pourtant que s'il pardonne,
Ce n'est qu'au sacré tribunal :
Accourez donc, il vous l'ordonne ;
Pourquoi ce délai si fatal ?

En vain devant le Roi suprême
Poussez-vous de profonds soupirs ;
En vain, au dedans de vous-même
Formez-vous de pieux désirs ;
Si pour déclarer votre offense
Vous ne faites un saint effort ;
Hélas ! votre seule indolence
Vous tient dans un état de mort.

Un conducteur sage et fidelle,
Sur vos devoirs vous instruira ;
A sa voix votre ardeur nouvelle
De plus en plus s'enflammera.
Par un moyen prompt, efficace,
Il vous guérira de vos maux :
Sur vous Dieu répandra sa grâce,
Vous jouirez d'un doux repos.

Mais pour recouvrer la justice,
Pécheur, il faut vous préparer;
Connaissez bien votre malice
Afin de la bien déclarer :
Sondez de votre conscience
Tous les plis et tous les détours :
Pour en avoir la connaissance,
A l'Esprit-Saint ayez recours.

Pensez à l'injure infinie
Que le péché fait au Seigneur,
Et que votre ame s'humilie ;
Que d'elle-même elle ait horreur.
Cette ame si long-temps rebelle
Mérita d'éternels tourments :
Sur sa conduite criminelle,
Livrez-vous aux gémissements.

Mais dans cette douleur amère
Qui doit toute autre surpasser.

Aux vices qui surent vous plaire
Pour toujours il faut renoncer :
Aimez Dieu, source de justice,
Il le faut pour un vrai retour.
Peut-on jamais sortir du vice
Si pour Dieu l'on n'a point d'amour?

D'une bouche simple et sincère
Qui marque la componction,
De vos excès vous devez faire
L'entière déclaration;
Le vrai pénitent fait paraître
Sa candeur, son humilité,
Sait rien taire : il se fait connaître
Tel qu'il est dans la vérité.

Si le prêtre, pour vous absoudre,
Ne vous voit un cœur contrit,
Pécheurs, vous devez vous résoudre
A revenir au temps prescrit.
Si même de toute la vie
Il faut une confession,
Pour voir votre ame enfin guérie,
Acceptez la condition.

Selon la grandeur de l'offense,
Il faut satisfaire au Seigneur;
D'une sévère pénitence
Ne redoutez pas la rigueur :
Sans consulter votre mollesse,
N'hésitez pas à vous punir.
Et surtout contre la faiblesse
Apprenez à vous prémunir.

En réparant l'indigne outrage
Par vos faits au Dieu souverain,
Réparez aussi le dommage
Qu'a souffert de vous le prochain.
A l'abstinence, à la prière,
Joignez l'amour des ennemis;
Rendez encore à votre frère
Et l'honneur et les biens ravis.

Si Dieu favorable à vos larmes,
Daigne enfin vous rendre la paix,
Ce bien si grand, si plein de charmes,
Ah! conservez-le pour jamais.

Eloignez tout désir contraire
Aux lois de votre Créateur :
Que le seul désir de lui plaire
Fixe toujours votre cœur.

Avent.

N.° 22. Air : *Venez, verbe adorable.*

Venez, divin Messie,
Sauvez nos jours infortunés ;
Venez, source de vie ; Venez, venez, venez.

Ah ! descendez, hâtez vos pas,
Sauvez les hommes du trépas ;
Secourez-nous, ne tardez pas :
Venez, divin Messie,
Sauvez nos jours infortunés ;
Venez, source de vie ; Venez, venez, venez.

Ah ! désarmez votre courroux,
Nous soupirons à vos genoux,
Seigneur, nous n'espérons qu'en vous.
Pour nous livrer la guerre,
Tous les enfers sont déchaînés ;
Descendez sur la terre ; Venez, venez, venez.

Que nos soupirs soient entendus :
Les biens que nous avons perdus
Ne nous seront-ils point rendus ?
Voyez couler nos larmes :
Grand Dieu, si vous nous pardonnez,
Nous n'aurons plus d'alarmes ; Venez, venez, venez.

Si vous venez en ces bas lieux,
Nous vous verrons, victorieux,
Fermer l'enfer, ouvrir les cieux ;
Nous l'espérons sans cesse ;
Les cieux nous furent destinés :
Tenez votre promesse ; Venez, venez, venez.

Ah ! puissions-nous chanter un jour,
Dans votre bienheureuse Cour,

Et votre gloire et votre amour ;
C'est là l'heureux partage
De ceux que vous prédestinez :
Donnez-nous-en le gage ; Venez, venez, venez.

N.° 23. Air : *Laissez paître vos bêtes.*

Venez, Verbe adorable,
Voyez des cœurs infortunés ;
La douleur nous accable ; Venez, venez, venez.

Quoi ! faudra-t-il gémir toujours,
Sans espérance de secours ?
A vous seul le monde a recours.
O puissance ineffable !
Voyez des cœurs infortunés :
Venez, Verbe adorable ; Venez, venez, venez.

Venez dompter vos ennemis,
Seigneur, vous nous l'avez promis ;
Ce doux espoir nous est permis.
L'enfer nous fait la guerre,
Tous les humains sont consternés ;
Descendez sur la terre ; Venez, venez, venez.

Nous endurons un long tourment,
Faites briller ce jour charmant
Qui doit nous rendre au firmament.
A d'éternelles peines,
Les hommes sont-ils condamnés ?
Venez briser nos chaînes ; Venez, venez, venez.

Entendez-nous du haut des Cieux ;
Venez en Roi victorieux ;
Montrez votre gloire à nos yeux :
Que la terre applaudisse
A des esclaves couronnés ;
Que tout se réjouisse ; Venez, venez, venez.

Puissions-nous voir les Cieux ouverts,
Malgré la rage des enfers ;
Hâtez-vous de briser nos fers,
Rendez-nous l'héritage
Qu'attendent les prédestinés :
Achevez votre ouvrage ; Venez, venez, venez.

Vous nous avez promis cent fois
Que nous verrions le Roi des rois
Aux Nations donner des lois.
Venez, divin Messie,
Que nos tyrans soient enchaînés,
Le monde vous en prie; Venez, venez, venez.

Vous faites seul tout notre espoir;
Armez vos mains, faites-nous voir
Que tout cède à votre pouvoir;
Venez tarir les larmes
De vos enfants infortunés,
Venez, Dieu plein de charmes; Venez, venez, venez.

Déjà le Ciel est plus serein;
Vous remplissez ce grand dessein
Dont vous flattiez le genre humain.
O Soleil de justice,
Quel doux espoir vous nous donnez;
Que la plainte finisse; Venez, venez, venez.

Déjà les plus charmants concerts
Se font entendre dans les airs;
Vous ferez grâce à l'Univers;
Nous vous voyons descendre,
Que de trésors nous sont donnés;
Quels biens vont se répandre! Venez, venez, venez.

N.° 24. Air: *Venez, ô mon divin Sauveur.*

Venez, ô divin Rédempteur,
Ah! venez posséder mon cœur;
Pour moi soyez un Dieu Sauveur,
Vous que Sion désire:
Ah! venez posséder mon cœur,
Après vous je soupire.

O Dieu des consolations,
O l'attente des nations,
Triomphez de nos passions,
Tirez-nous d'esclavage;
O l'attente des nations,
Soyez notre partage.

Dans mon cœur vous voulez entrer,
Daignez, Seigneur, y demeurer;
Vous seul pouvez y préparer
Une sainte demeure;
Daignez, Seigneur, y demeurer
Jusqu'à ma dernière heure.

Faites de nos cœurs un berceau;
Venez-y naître de nouveau;
Qu'ils ne soient jamais le tombeau
Où votre amour s'éteigne;
Venez-y naître de nouveau,
Fondez-y votre règne.

Espoir du salut des humains,
Ah! daignez nous tendre les mains;
Sans vous tous nos efforts sont vains,
Sauvez-nous, Dieu de gloire:
Ah! daignez nous tendre les mains,
Nous aurons la victoire.

Noël.

N.° 25. Air : *Triomphez, Reine des Cieux.*

Accourez, heureux enfants,
Un Dieu se fait à vous semblable;
Accourez, heureux enfants,
Offrir à Jésus vos présents.
Le Verbe adorable,
Au sein d'une étable,
Se rend misérable
Pour nous racheter.
O amour inexprimable!
Qui pourrait y résister?
Accourez, etc.

De grandeur et de néant,
Dans Jésus quels sacrés mélanges;
De grandeur et de néant
Quels traits nous offre un Dieu naissant.
Les bergers, les Anges

Chantent les louanges
D'un Dieu dans les langes
Né pour nous, ingrats :
Ses abaissements étranges
Ne nous toucheraient-ils pas ?
De grandeur, etc.

A l'envi, pour l'enfant-Dieu
Brûlons de l'amour le plus tendre ;
A l'envi, pour l'enfant-Dieu
Soyons tout amour et tout feu.
Comment s'en défendre?
Allons sans attendre,
Pour jamais nous rendre
A ses doux appas.
Au tombeau plutôt descendre
Que vivre et ne l'aimer pas.
A l'envi, etc.

Enflammez-nous, Dieu Sauveur,
Pour vous seul d'un amour extrême ;
Enflammez-nous, Dieu Sauveur,
Prenez naissance en notre cœur.
Sans vous, Dieu suprême,
Sceptre, diadème,
Et l'univers même
Ne nous semblent rien.
On a tout quand on vous aime ;
Votre amour est le seul bien.
Enflammez-nous, etc.

N.° 26. Air : *Quel spectacle.*

Chantons l'heureuse naissance
Que l'on célèbre en ce jour ;
Un Dieu, malgré sa puissance, } *bis.*
Est vaincu par son amour.

En tous lieux, de ses louanges
Faisons retentir les airs,
Aux divers concerts des Anges } *bis.*
Mêlons nos humbles concerts.

Mortels ; l'auriez-vous pu croire
Qu'une étable fût un lieu
Propre à renfermer la gloire
Et la majesté d'un Dieu. } *bis.*

L'Eternel a pris naissance,
L'impassible est tourmenté ;
Le Verbe est dans le silence,
Et le soleil est sans clarté. } *bis.*

Les divines prophéties
S'expliquent dans ce moment,
Et sont enfin éclaircies
Par cet adorable Enfant. } *bis.*

Une Mère vierge et pure
En bannit l'obscurité :
Les ombres et la figure
Font place à la vérité. } *bis.*

Adam, déchu par son crime,
Avait changé notre sort,
Le monde était la victime
Du démon et de la mort. } *bis.*

Mais, ô faute salutaire,
Qui rend les hommes heureux,
Qui leur donne un Dieu pour frère,
Pour héritage, les cieux. } *bis.*

O l'ineffable mystère
Que l'on célèbre en ce jour,
Il désarme la colère,
Et fait triompher l'amour. } *bis.*

Chantez des hymnes sacrées
Pour ce divin Rédempteur,
Qui des brebis égarées
Est le souverain Pasteur. } *bis.*

N.° 27. Air : *Vive le Roi !*

Vive Jésus !
C'est le cri de mon ame ;
Vive Jésus ! le maître des vertus.
Aimable Nom quand ma voix te réclame,
D'un nouveau feu pour toi mon cœur s'enflamme.
Vive Jésus ! *bis.*

Vive Jésus !
C'est le cri qui rallie
Sous ses drapeaux le peuple des élus.
Suivre Jésus, c'est aussi mon envie ;
Suivre Jésus, c'est mon bien, c'est ma vie :
Vive Jésus ! *bis.*

Vive Jésus !
Ce cri-là me console,
Lorsque de moi le monde ne veut plus.
Adieu, lui dis-je, adieu, monde frivole,
Bien insensé qui pour toi se désole.
Vive Jésus ! *bis.*

Vive Jésus !
C'est un cri d'espérance
Pour les pécheurs repentants et confus ;
Sur eux du Ciel attirant la clémence,
Ce nom sacré soutient leur pénitence.
Vive Jésus ! *bis.*

Vive Jésus !
A ce cri de vaillance,
Je verrai fuir les démons éperdus ;
Un mot suffit pour dompter leur puissance,
Pour terrasser leur superbe insolence.
Vive Jésus ! *bis.*

Vive Jésus!
Cri de reconnaissance
D'un cœur touché des biens qu'il a reçus.
L'enfer veut-il troubler sa confiance,
Il dit encore avec plus d'assurance :
Vive Jésus ! *bis.*

Vive Jésus!
C'est mon cri d'allégresse ,

O Dieu caché sous un pain qui n'est plus,
Quand, aux douceurs d'une céleste ivresse,
Je reconnais l'objet de ma tendresse :
Vive Jésus ! *bis.*

Vive Jésus !
C'est le cri de victoire
Des bienheureux que le Ciel a reçus ;
De leurs combats consacrons la mémoire,
Le nom puissant éternise leur gloire :
Vive Jésus ! *bis.*

Vive Jésus !
Vive sa tendre Mère !
Elle est aussi la Mère des Elus.
Si nous l'aimons, si nous voulons lui plaire,
Chantons Jésus notre Dieu, notre frère :
Vive Jésus ! *bis.*

Vive Jésus !
Qu'en tous lieux la victoire
Mette à ses pieds les méchants confondus !
O nom sacré, nom cher à ma mémoire,
Puissé-je vivre et mourir pour ta gloire !
Vive Jésus ! *bis.*

Passion de Jésus-Christ.

N.° 28. Air : *Que ne suis-je la fougère.*

Au sang qu'un Dieu va répandre,
Ah ! mêlez du moins vos pleurs,
Chrétiens, qui venez entendre
Le récit de ses douleurs.
Puisque c'est pour vos offenses
Que ce Dieu souffre aujourd'hui,
Animés par ses souffrances,
Vivez et mourez pour lui.

Dans un jardin solitaire,
Il sent de rudes combats ;
Il prie, il craint, il espère :
Son cœur veut et ne veut pas.
Tantôt la crainte est plus forte,

Et tantôt l'amour plus fort.
Mais enfin l'amour l'emporte,
Et lui fait choisir la mort.

Judas, que la fureur guide,
L'aborde d'un air soumis;
Il l'embrasse, et ce perfide
Le livre à ses ennemis.
Judas, un pécheur t'imite
Quand il feint de l'apaiser.
Souvent sa bouche hypocrite
Le trahit par un baiser.

On l'abandonne à la rage
De cent tigres inhumains;
Sur son aimable visage
Les soldats portent les mains.
Vous deviez, anges fidèles,
Témoins de ces attentats,
Où le mettre sous vos ailes,
Ou frapper tous ces ingrats.

Ils le traînent au grand-prêtre,
Qui seconde leur fureur,
Et ne veut le reconnaître
Que pour un blasphémateur.
Quand il jugera la terre,
Ce Sauveur aura son tour:
Aux éclats de son tonnerre
Tu le connaîtras un jour.

Tandis qu'il se sacrifie,
Tout conspire à l'outrager:
Pierre lui-même l'oublie
Et le traite d'étranger.
Mais Jésus perce son ame
D'un regard tendre et vainqueur,
Et met d'un seul trait de flamme
Le repentir en son cœur.

Chez Pilate on le compare
Au dernier des scélérats;
Qu'entends-je, ô peuple barbare!
Tes cris sont pour Barrabas.
Quelle indigne préférence!
Le juste est abandonné:
On condamne l'innocence,
Et le crime est pardonné!

On le dépouille, on l'attache;
Chacun arme son courroux :
Je vois cet agneau sans tache
Tombant presque sous les coups.
C'est à nous d'être victimes;
Arrêtez, cruels bourreaux;
C'est pour effacer vos crimes
Que son sang coule à grands flots.

Une couronne cruelle
Perce son auguste front :
A ce chef, à ce modèle,
Mondains, vous faites affront.
Il languit dans les supplices,
C'est un homme de douleurs;
Vous vivez dans les délices,
Vous vous couronnez de fleurs.

Il marche, il monte au Calvaire,
Chargé d'un infâme bois;
De là, comme d'une chaire,
Il fait entendre sa voix :
Ciel, dérobe à ta vengeance
Ceux qui m'osent outrager.
C'est ainsi, quand on l'offense,
Qu'un chrétien doit se venger.

Une troupe mutinée
L'insulte et crie à l'envi :
S'il changeait sa destinée,
Oui, nous croirions tous en lui.
Il peut la changer sans peine,
Malgré vos nœuds et vos clous;
Mais le nœud qui seul l'enchaîne,
C'est l'amour qu'il a pour nous.

Ah! de ce lit de souffrance,
Seigneur, ne descendez pas;
Suspendez votre puissance,
Restez-y jusqu'au trépas.
Mais tenez votre promesse,
Attirez-nous après vous :
Pour prix de votre tendresse,
Puissions-nous y mourir tous!

Il expire, et la nature
Dans lui pleure son auteur;

Il n'est point de créature
Qui ne marque sa douleur,
Un spectacle si terrible
Ne pourra-t-il me toucher !
Et serai-je moins sensible
Que n'est le plus dur rocher.

N.° 29. Air du Confiteor.

Aimons Jésus pour nous en croix :
N'est-il pas bien juste qu'on l'aime
Puisqu'en expirant sur ce bois,
Il nous aima plus que lui-même.
Chrétiens, chantez à haute voix :
Vive Jésus ! vive sa croix !

Gloire à cette divine croix :
Le Sauveur l'ayant épousée,
Elle n'est plus, comme autrefois,
Un objet d'horreur, de risée. Chrétiens, etc.

Gloire à cette divine croix ;
Arbre dont le fruit salutaire
Répare le mal qu'autrefois
Fit du pécheur le premier père. Chrét., etc.

Gloire à cette divine croix ;
C'est l'étendard de sa victoire;
Par elle il nous donna ses lois,
Par elle il entra dans sa gloire. Chrét., etc.

Gloire à cette divine croix,
De tous nos biens source féconde,
Qui, dans le sang du roi des rois,
A lavé les péchés du monde. Chrétiens, etc.

Gloire à cette divine croix,
La chaire de son éloquence,
Où, me prêchant ce que je crois,
Il m'apprend tout par son silence. Chrét. etc.

Gloire à cette divine croix :
Ce n'est pas le bois que j'adore,
Mais c'est mon Sauveur sur ce bois,
Que je révère et que j'implore. Chrét., etc.

Avec Jésus aimons sa croix,
Prenons-la pour notre partage;
Ce juste, cet aimable choix
Conduit au céleste héritage. Chrétiens, etc.

N.° 30. Air : *Linval aimait Arsène.*

Célébrons la victoire
D'un Dieu mort sur la croix:
Et, pour chanter sa gloire;
Réunissons nos voix:
De son amour extrême
Cédons aux traits vainqueurs;
Pour le Dieu qui nous aime
Réunissons nos cœurs.

Sa croix, heureux symbole
De son amour pour nous,
Jadis du Capitole
Chassa les dieux jaloux:
Alors dans l'esclavage,
L'homme à d'infâmes dieux
Payait par son hommage
Le droit d'être comme eux.

Grand Dieu, seul adorable,
Seul digne de nos chants,
Seul de l'homme coupable
Vous n'avez point d'encens:
Mais que votre tonnerre
Fasse entendre sa voix,
Et force enfin la terre
A respecter vos lois.

Mais son cœur qui s'oppose
A ses foudres vengeurs,
Par l'amour se propose
De conquérir les cœurs:
Pour expier nos crimes
Notre sang est trop peu;
Il faut d'autres victimes
Pour désarmer Dieu.

Son Fils, Verbe adorable,
Doit tomber sous ses coups;
Son sang seul est capable
De calmer son courroux:
Pour ma grâce il soupire,
Il l'exige en mourant;
Sur la croix il expire,
Et l'univers se rend.

Tel qu'après les orages,
Le soleil radieux
Dissipe les nuages,
Rend leur éclat aux cieux:
Tel le Dieu que j'adore,
Trop long-temps ignoré,
Du couchant à l'aurore
Voit son nom adoré.

La croix, heureux asile
De l'univers soumis,
Brave l'orgueil stérile
De ses fiers ennemis;
On s'empresse à lui rendre
Des hommages parfaits;
Sa gloire va s'étendre
Autant que ses bienfaits.

Quel éclat l'environne!
Elle voit à ses pieds
Le sceptre et la couronne
Des rois humiliés.
Rome cherche à lui plaire,
Tout suit ses étendards,
Et le Dieu du Calvaire
Est le Dieu des Césars.

Ce Dieu seul est aimable,
Cédons à ses attraits;
D'un amour immuable
Payons tous ses bienfaits,
Portons-lui nos offrandes,

Et parons son autel
De fleurs et de guirlandes,
Dignes de l'immortel.

Que le ciel applaudisse
Aux chants de son amour,
Et que l'enfer frémisse
Du bonheur de ce jour :
Chantons tous la victoire
Du maître des vainqueurs ;
Consacrons à sa gloire
Et nos voix et nos cœurs.

N.° 31. Air : *Que ne suis-je la fougère.*

Jésus est la bonté même,
Il a mille doux appas ;
Cependant aucun ne l'aime,
On n'y pense presque pas,
Pendant que la créature
Nous embrase de ses feux,
Pour Dieu seul notre ame est dure ;
Ah ! pleurez, pleurez, mes yeux.

Dieu se rend un Dieu sensible,
Afin de nous mieux charmer ;
Mais en se rendant visible,
A-t-il pu se faire aimer ?
Lorsqu'un tendre amour le presse
De prévenir tous nos vœux,
Quel retour ? Nulle tendresse !
Ah ! pleurez, pleurez, mes yeux.

D'un enfant il prend les charmes
Pour attendrir les humains ;
Pour cela de douces larmes
Coulent de ses yeux divins.
Notre ame est-elle attendrie
Par tous ces cris amoureux ?
Elle est toujours endurcie ;
Ah ! pleurez, pleurez, mes yeux.

De la divine justice
Jésus porte tout le poids :
Il nous sauve du supplice
En mourant sur une croix ;
Et pour tant de bienveillance
Avons-nous, ô malheureux !
La moindre reconnaissance ?
Ah ! pleurez, pleurez, mes yeux.

Jésus, dans l'Eucharistie,
Par un prodige d'amour,
Devient notre pain de vie,
Notre pain de chaque jour:
Au milieu de tant de flammes,
Dans ce mystère amoureux,
Que de froideurs dans nos ames!
Ah! pleurez, pleurez, mes yeux.

Il daigne en vain de ce trône
Nuit et jour nous inviter;
Jamais il n'y voit personne
Qui vienne le visiter:
Sa maison est délaissée:
Son entretien ennuyeux,
Et sa table méprisée:
Ah! pleurez, pleurez, mes yeux.

Mon Jésus n'a point d'asile
Contre les coups des mortels;
C'est un rempart inutile
Que son trône et ses autels:
Chaque jour, rempli de rage,
Le pécheur audacieux,
Au lieu saint lui fait outrage:
Ah! pleurez, pleurez, mes yeux.

Tous les jours se renouvelle,
Contre mon divin Sauveur,
Cette trahison cruelle
Qui fit tant souffrir son cœur:
O combien de parricides,
Recevant le roi des cieux,
Donnent de baisers perfides!
Ah! pleurez, pleurez, mes yeux.

Une croix pour lui cruelle,
C'est un corps dans le péché:
A cette chair criminelle
Qu'on l'a souvent attaché!
Tout est souillé par nos vices:
Que je découvre en tous lieux
Pour mon Jésus de supplices!
Ah! pleurez, pleurez, mes yeux.

Fête de Pâques.

N.° 32. *Air de la marche des Janissaires.*

Jésus paraît en vainqueur,
Sa bonté, sa douceur
Est égale à sa grandeur.
Jésus paraît en vainqueur,
Aujourd'hui donnons-lui notre cœur
Malgré nos forfaits,
Ces divins bienfaits,
Ces charmants attraits,
Ne nous parlent que de paix.
Pleurons nos forfaits,
Chantons ses bienfaits,
Rendons-nous à ses charmants attraits.

Chrétiens, joignez vos concerts;
Jésus charge de fers
La mort, fille des enfers;
Chrétiens, joignez vos concerts,
Que son nom réjouisse les airs!
Juste ciel, quel choix!
Quoi! le roi des rois
A dû sur la croix
Au ciel acquérir des droits!
Embrassons la croix:
Que ce libre choix
Au ciel assure à jamais nos droits.

Je vois la mort sans effroi;
Mon Seigneur et mon roi
En a triomphé comme moi;
Je vois la mort sans effroi:
Ce mystère est l'appui de ma foi.
Ah! si tour à tour
Lâche et sans amour,
Jusques à ce jour,
Je n'ai payé nul retour;
Du moins dès ce jour,
Ah! pour tant d'amour,
Je veux payer un juste retour.

Il va descendre des cieux:
Ce Sauveur glorieux

Va s'abaisser en ces lieux;
Il va descendre des cieux.
Que nos cœurs brûlent des plus doux feux!
Au jour des douleurs,
Pleins de nos malheurs,
Nous portions des cœurs
Qu'avaient amollis ces pleurs.
Ah! plus de douleurs!
A ses pieds vainqueurs,
A pleines mains répandons des fleurs.

Ascension.

N.° 33. Air : *Rien, tendre amour, etc.*

Sainte cité, demeure permanente,
Sacré palais qu'habite le grand roi,
Où doit sans fin régner l'ame innocente,
Quoi de plus doux que de penser à toi. *bis.*

Dans tes parvis tout n'est plus qu'allégresse :
C'est un torrent des plus chastes plaisirs ;
On ne ressent ni peine ni tristesse ;
On ne connaît ni plaintes ni soupirs. *bis.*

Tes habitants ne craignent plus d'orage,
Ils sont au port, ils y sont pour jamais;
Un calme entier devient leur doux partage;
Dieu dans leur cœur verse un fleuve de paix. *bis.*

De quel éclat ce Dieu les environne!
Ah! je les vois tout brillants de clarté;
Rien ne saurait y flétrir leur couronne;
Leur vêtement est l'immortalité. *bis.*

Pour les élus il n'est plus d'inconstance,
Tout est soumis au joug du saint amour;
L'affreux péché n'a plus là de puissance,
Tout bénit Dieu dans cet heureux séjour. *bis.*

Beauté divine, ô beauté ravissante!
Tu fais l'objet du suprême bonheur :
O quand naîtra cette aurore brillante
Où nous pourrons contempler ta splendeur? *bis.*

Puisque Dieu seul est notre récompense,
Qu'il soit aussi la fin de nos travaux ;
Dans cette vie un moment de souffrance
Mérite au ciel un éternel repos. *bis.*

Pentecôte.

N.° 34. *Air ancien.*

Esprit saint, comblez nos vœux,
Embrasez nos ames
Des plus vives flammes;
Esprit saint, comblez nos vœux,
Embrasez nos ames
De vos plus doux feux. Esprit, etc.

Seul auteur de tous les dons ;
De vous seul nous attendons
Tout notre secours,
Dans ces saints jours. Esprit, etc.

Sans vous, en vain du don des cieux
Les rayons précieux
Brillent à nos yeux;
Sans vous, notre cœur
N'est que froideur. Esprit, etc.

Voyez notre aveuglement;
Nos maux, notre égarement;
Rendez-nous à vous,
Et changez-nous. Esprit, etc.

Sur nos esprits, Dieu de bonté,
Répandez la clarté
Et la vérité;
Préparez nos cœurs
A vos faveurs. Esprit, etc.

Donnez-nous ces purs désirs,
Ces pleurs saints, ces vrais soupirs
Qui des grands pécheurs
Changent les cœurs. Esprit, etc.

Donnez-nous la docilité,
Le don de pureté

Et de piété,
L'esprit de candeur
Et de douceur. Esprit, etc.

Étouffez notre tiédeur,
Réchauffez notre ferveur,
Rassurez nos pas
Dans nos combats. Esprit, etc.

Sanctifiez nos jours naissants,
Et nos jours florissants,
Et nos derniers ans;
Que tous nos instants
Soient innocents. Esprit, etc.

N.° 35.

Esprit saint, descendez en nous;
Embrasez nos cœurs de vos feux les plus doux.
Chœur. Esprit saint, etc.

Sans vous, notre vaine prudence
Ne peut, hélas! que s'égarer.
Ah! dissipez notre ignorance;
Esprit d'intelligence,
Venez nous éclairer.
Chœur. Esprit saint, etc.

Le noir enfer, pour nous faire la guerre,
Se réunit au monde séducteur;
Tout est pour nous embûche sur la terre:
Soyez notre libérateur.
Chœur. Esprit saint, etc.

Enseignez-nous la divine sagesse;
Seule elle peut nous conduire au bonheur:
Dans ses sentiers, qu'heureuse est la jeunesse;
Qu'heureuse est la vieillesse!
Chœur. Esprit saint, etc.

N.° 36. *Air nouveau.*

Quel feu s'allume dans mon cœur?
Quel Dieu vient habiter mon ame?
A son aspect consolateur
Et je m'éclaire et je m'enflamme.
Je t'adore, Esprit créateur;
Parais, Dieu de lumière, *bis.*
Et viens renouveler la face de la terre.

Je vois mille ennemis divers
Conjurer ma perte éternelle;
J'entends tous leurs complots pervers,
Dieu, romps leur trame criminelle,
Qu'ils retombent dans les enfers. Parais, etc.

Quels sont ces profanes accents,
Ces ris et ces pompeuses fêtes?
De Baal ce sont les enfants,
De fleurs ils couronnent leurs têtes,
Que va frapper la faux du temps. Parais, etc.

Voyez comme les insensés
Dansent sur leur tombe entr'ouverte!
La mort les suit à pas pressés;
En riant ils vont à leur perte:
Dieu regarde... ils sont dispersés. Parais, etc.

Quoi! pour un moment de plaisir,
Mon Dieu, j'oublierais ta loi sainte;
Dans l'égarement du désir,
Je pourrais vivre sans ta crainte!
Non, mon Dieu, non, plutôt mourir. Parais, etc.

Un jour pur luit à mes yeux;
Dieu de clarté, je te rends grâce;
Je vois fuir l'esprit ténébreux;
La foi dans mon cœur a fait place;
Tous mes désirs sont pour les cieux. Parais, etc.

Chrétien par amour et par choix,
Et fier de ton ignominie,
Je t'embrasse, ô divine croix!
Je t'embrasse avec ta folie,
Dont j'osai rougir autrefois. Parais, etc.

Loin de moi, vains ajustements!
A mon Dieu vous faites injure;
Délices des cœurs innocents,
Que ma pudeur soit ma parure!
Esprit saint, garde tous mes sens. Parais, etc.

Si, quelques moments égaré,
Je te fuyais, beauté divine,
Allume en mon cœur déchiré,
Allume une guerre intestine;
De remords qu'il soit dévoré. Parais, etc.

Ah! plutôt règne, Dieu d'amour,
Sur ce cœur devenu ton temple:
Que je t'honore dès ce jour,
Que mon œil charmé te contemple
Dans l'éclat du divin séjour! Parais, etc.

Fête de la sainte Trinité.

N.° 37. Air: *Ne m'entendez-vous pas.*

Que tout cède à la foi,
C'est la raison suprême,
Et notre raison même
Souscrit à cette loi:
Que tout cède à la Foi.

Le Seigneur a parlé;
Sa voix s'est fait entendre:
Nous croyons, sans compren-
(dre,
Ce qu'il a révélé;
Le Seigneur a parlé.

Le Fils du Dieu vivant,
Au monde a voulu naître:
On l'a dû reconnaître,
En œuvres tout-puissant,
Le Fils du Dieu vivant.

Douze pauvres pêcheurs,
Ont annoncé sa gloire;
Partout ils ont fait croire
Sa gloire et ses grandeurs:
Douze pauvres pêcheurs.

C'est un fort bon garant,
Que leur seul témoignage:
Ils ont donné pour gage,
Leur vie avec leur sang:
C'est un fort bon garant.

Malgré tous les tyrans,
La mort même féconde,
A peuplé tout le monde
De chrétiens renaissants,
Malgré tous les tyrans.

Réformés prétendus,
Vos dogmes, vos maximes,
N'enfantent que des crimes,
Ou de fausses vertus:
Réformés prétendus.

Nous avons des pasteurs,
Héritiers des Apôtres :
D'où sont venus les vôtres ?
Vous suivez des trompeurs ;
Nous avons des pasteurs.

Je suis sûr de ma foi,
En consultant l'Eglise,
Et mon ame soumise,
Du Juge apprend la Loi ;
Je suis sûr de ma foi.

Que tout cède à la foi,
C'est la raison suprême,
Et notre raison même
Souscrit à cette loi ;
Que tout cède à la Foi.

N.° 38. *Air connu.*

J'ENGAGEAI ma promesse au baptême ;
Mais pour moi d'autres firent serment ;
Dans ce jour je vais parler moi-même,
Je m'engage aujourd'hui librement.
Je m'engage, etc.

Je crois donc en un Dieu trois personnes,
De mon sang je signerais ma foi ;
Faible esprit, vainement tu raisonnes ;
Je m'engage à le croire, et je crois.
Je m'engage, etc.

A la foi de ce premier mystère
Je joindrai la foi d'un Dieu sauveur ;
Sous les lois de l'Église, ma mère,
Je m'engage et d'esprit et de cœur.
Je m'engage, etc.

Sur les fonts, dans cette eau salutaire,
Pour enfant Dieu daigna m'adopter ;
Si j'en ai souillé le caractère,
Je m'engage à le mieux respecter.
Je m'engage, etc.

Je renonce aux pompes de ce monde,
A la chair, à tous ses vains attraits :
Loin de moi, Satan, esprit immonde !
Je m'engage à te fuir pour jamais.
Je m'engage, etc.

Faux plaisirs, source infâme de vices,
Trop long-temps vous fûtes mon amour ;
Je renonce à vos fausses délices,
Je m'engage à Dieu seul sans retour.
Je m'engage, etc.

Oui, mon Dieu, votre seul Évangile
Réglera mon esprit et mes mœurs :
Dussiez-vous en gémir, chair fragile,
Je m'engage à toutes ses rigueurs.
Je m'engage, etc.

Ah ! Seigneur, qui sait bien vous connaître,
Sent bientôt que votre joug est doux ;
C'en est fait, je n'ai point d'autre maître,
Je m'engage à ne servir que vous.
Je m'engage, etc.

Sur vos pas, ô mon divin modèle !
Plus heureux qu'à la suite des rois,
Plein d'horreur pour ce monde infidèle,
Je m'engage à porter votre croix.
Je m'engage, etc.

Si le ciel, d'un moment de souffrance,
Doit, Seigneur, être le prix un jour,
Animé par cette récompense,
Je m'engage à tout pour votre amour.
Je m'engage, etc.

C'est, mon Dieu, dans vous seul que j'aspire
A fixer mes plaisirs et mes goûts ;
Pour le ciel, c'est peu que je soupire ;
Je m'engage à soupirer pour vous.
Je m'engage, etc.

Puisqu'enfin dans le ciel, ma patrie,
De mes biens vous serez le plus doux,
Dès ce jour, et pour toute ma vie,
Je m'engage, et je suis tout à vous.
Je m'engage, etc.

N.° 39. *Air de la marche des gardes françaises.*

UNE VOIX.

Quand l'eau sainte du baptême
Coula sur nos fronts naissants,
Et qu'un Dieu, la bonté même,
Nous adopta pour enfants ;
Muets encore,
D'autres promirent pour vous ;

Aujourd'hui confessez tous
La foi dont un chrétien s'honore.

TOUS LES ENFANTS.

Foi de nos pères,
Notre règle et notre amour,
Nous embrassons dans ce jour
Et ta morale et tes mystères.
En vain à ma foi soumise
S'oppose un orgueil trompeur :
Sur les traces de l'Église
Puis-je marcher dans l'erreur?

Trinité sainte,
Je te confesse et crois,
Et je t'adore trois fois,
Et plein d'amour et plein de crainte.
Foi de nos pères, etc.

Annoncé par mille oracles,
Et de la terre l'espoir,
L'Homme-Dieu, par ses miracles,
Fait éclater son pouvoir.

Victime pure,
Il triomphe du trépas;
Et je n'adorerais pas
En lui l'auteur de la nature!
Foi de nos pères, etc.

Que sa morale divine,
Que sa morale a d'attraits!
Tous les cœurs qu'il illumine,
Il les console en secret.

Et l'on blasphème
Ce Dieu fait homme pour nous!
Ingrats, tombez à genoux!....
Voyez s'il mérite qu'on l'aime.
Foi de nos pères, etc.

Par un funeste héritage,
Nos parents, avec le jour,
Nous transmirent en partage,
La haine d'un Dieu d'amour.

J'implore et crie :
Dieu s'offense de mes pleurs,

Mais Jésus a dit ; Je meurs :
Et sa mort me rend à la vie.
Foi de nos pères, etc.

Ciel ! quelle robe éclatante !
Quel bain pur et bienfaisant !
Quelle parole puissante
De Dieu m'a rendu l'enfant ?

Je te baptise....
Le ciel s'ouvre, plus d'enfer ;
Et des anges le concert
M'introduit au sein de l'Église.
Foi de nos pères, etc.

De quel œil de complaisance
Vous me vîtes, ô mon Dieu !
Quand revêtu d'innocence
On m'emporta du saint lieu !

Pensée amère,
O beau jour trop tôt passé !
Hélas ! je me suis lassé,
Mon Dieu, de vous avoir pour père.
Foi de nos pères, etc.

J'ai blessé votre tendresse,
Violé vos saintes lois ;
Vous me rappeliez sans cesse,
Je repoussais votre voix.

Du moins mes larmes
Obtiendront-elles pardon ?
Seigneur, de votre maison
Je puis encor goûter les charmes.
Foi de nos pères, etc.

Loin de moi, monde profane !
Fuis, ô plaisir séduisant !
L'Évangile vous condamne,
Vous blessez en caressant.

Sous votre empire,
Mon Dieu, sont les trésors ;
Vos douceurs sont sans remords,
C'est pour elles que je soupire.
Foi de nos pères, etc.

Loin de ces tentes coupables,
Où s'agite le pécheur,
Sous vos pavillons aimables
J'irai jouir du bonheur.

Avant l'aurore
Mon cœur vous appellera,
Et quand le jour finira,
Mes chants vous béniront encore.
Foi de nos pères, etc.

Fête du Saint-Sacrement.

N.° 40. Air : *De l'Officier de fortune.*

Par les chants les plus magnifiques,
Sion, célèbre ton Sauveur ;
Exalte dans tes saints cantiques
Ton Dieu, ton chef et ton pasteur.
Redouble aujourd'hui pour lui plaire,
Tes transports, tes soins empressés ;
Jamais tu n'en pourras trop faire, } *bis.*
Tu n'en feras jamais assez.

Ouvre ton cœur à l'allégresse,
A tout le feu de ses transports,
Lorsque son immense largesse
T'ouvre elle-même ses trésors :
Près de consumer son ouvrage,
Il consacre son dernier jour
A te laisser ce tendre gage } *bis.*
Qui mit le comble à son amour.

Offert sur la table mystique,
L'agneau de la nouvelle loi
Termine enfin la pâque antique
Qui figurait le nouveau roi ;
La vérité succède à l'ombre,
La loi de crainte se détruit ;
La clarté chasse la nuit sombre, } *bis.*
Et la loi de grâce nous luit.

Jésus, de son amour extrême
Vent éterniser le bienfait ;

Ce que d'abord il fit lui-même,
Le prêtre à son ordre le fait;
Il change, ô prodige admirable
Qui n'est aperçu que des cieux!
Le pain en son corps adorable, } *bis.*
Le vin en son sang précieux.

L'œil se méprend, l'esprit chancelle,
Il cherche d'un Dieu la splendeur;
Mais toujours ferme, un vrai fidèle,
Sans hésiter, voit son Seigneur:
Son sang pour nous est un breuvage,
Sa chair devient notre aliment,
Les espèces sont le nuage } *bis.*
Qui nous le couvre au sacrement.

On voit le juste et le coupable
S'approcher du banquet divin,
Se ranger à la même table,
Prendre place au même festin;
Chacun reçoit la même hostie:
Mais qu'ils diffèrent dans leur sort!
Le juste tremble et boit la vie, } *bis.*
L'impie affronte et boit la mort!

Ce fils, sous la main paternelle,
Près de se voir percer le flanc;
Cette victime solennelle,
Dont l'Hébreu vit couler le sang;
La manne, au goût délicieuse,
Qui tous les jours tombait des cieux,
Sont la figure précieuse, } *bis.*
Du prodige offert à nos yeux.

Je te salue; ô pain de l'ange!
Aujourd'hui pain du voyageur;
Toi que j'adore et que je mange,
Ah! viens dissiper ma langueur.
Loin de toi l'impur, le profane,
Pain réservé pour les enfants,
Mets des élus, céleste manne, } *bis.*
Objet seul digne de nos chants.

Au secours de notre mère
Jésus se livre entièrement;
Dans la crèche il est notre frère,
Et sur l'autel notre aliment;

Quand il mourut sur le calvaire,
Il fut la rançon du pécheur :
Triomphant dans son sanctuaire
Il est du juste le bonheur. } *bis.*

Honneur, amour, louange et gloire
Te soient rendus, ô bon pasteur !
Vis à jamais dans ma mémoire,
Sois toujours gravé dans mon cœur.
O pain des forts ! par ta puissance
Soulage mon infirmité ;
Fais qu'engraissé de ta substance,
Je règne dans l'éternité. } *bis.*

Communion.

N.° 41. Air : *Berger, que tu parais content !*

Venez, ô mon divin Sauveur,
Ah ! venez régner sur mon cœur,
Je vous désire avec ardeur,
Pain qui donnez la vie,
Ah ! venez régner sur mon cœur,
C'est ma plus chère envie.

Ah ! quel présent, quelle faveur,
L'homme-Dieu se donne au pécheur,
Victime aussi bien que Pasteur,
Il s'offre ici-bas sans cesse,
L'homme-Dieu se donne au pécheur ;
Que son amour le presse !

Venez contenter mes désirs,
Source unique des vrais plaisirs,
Ah ! faites cesser mes soupirs,
Délices de mon ame,
Source unique des vrais plaisirs,
Satisfaites ma flamme.

O jour à jamais précieux,
Où j'approche du Roi des cieux :
Que vous m'êtes délicieux ;
Vous me rendez la vie,
Quand j'approche du Roi des cieux :
Tout le reste j'oublie.

Biens trompeurs, fragiles attraits,
Je renonce à vous pour jamais :
Jésus me comble de bienfaits,
Sa grâce est salutaire,
Je renonce à vous pour jamais :
J'ai mon Jésus pour père.

Il se charge de mes besoins :
Ah! que je lui coûte de soins,
Pourquoi mon cœur, lui donner moins :
Connais ton avantage,
Ah! que je lui coûte de soins:
Aimons-le sans partage.

Quoique voilé sur cet Autel,
C'est pourtant votre Dieu, mortels,
Celui que l'on adore au Ciel,
Et qui régit le monde :
Oui, c'est là votre Dieu, mortels,
Sur lui seul je me fonde.

Quoiqu'indigne d'en approcher,
Jusqu'à lui j'ose m'élever :
Avec lui je veux partager,
Son bonheur et sa gloire,
Jusqu'à lui j'ose m'élever :
De son sang je veux boire.

Malade, il est mon médecin,
Il me garde quand je suis sain :
Lui seul peut contenter ma faim :
Tout le reste m'altère,
Il me garde quand je suis sain,
Il guérit ma misère.

Prendre souvent ce mets divin,
O mon Dieu, quel heureux destin!
De tous mes désirs c'est la fin;
Rends mon ame assez pure,
O mon Dieu, quel heureux destin!
Pour une vile créature.

Venez vous reposer en moi,
Ah! venez-y donner la loi,
Que l'amour joint avec la foi,
Me porte à votre table,
Ah! venez me donner la loi,
Rien n'est si désirable.

O Roi des Cieux qui pouvez tout,
Ne me donnez plus d'autre goût,
Que de vous servir jusqu'au bout
De ma triste carrière,
Ne me donnez plus d'autre goût,
Que celui de vous plaire.

N.° 42. Air : *Aimable Croix, etc.*

ACTE DE FOI.

Divin Jésus,
Vous êtes dans l'Hostie,
Afin de nous donner la vie,
Divin Jésus,
La foi m'eclaire,
Je crois ce grand mystère,
Divin Jésus.

ACTE D'ESPÉRANCE.

J'espère en vous,
Votre douce présence,
Vient ranimer ma confiance :
J'espère en vous,
D'un Dieu si tendre,
Ah ! je puis vous attendre :
J'espère en vous.

ACTE D'AMOUR.

Dieu plein d'amour,
Pour vous seul je veux vivre,
Pour toujours à vous je me livre,
Dieu plein d'amour,
Brûlez mon ame
De vos divines flammes,
Dieu plein d'amour.

ACTE D'HUMILITÉ.

Je suis pécheur,
Devant vous je m'abaisse :
Plein de regret je le confesse,
Je suis pécheur :

Dieu de clémence,
Pardonnez mon offense,
Je suis pécheur.

ACTE DE DÉSIR.

Venez, mon Dieu,
Et qu'en moi votre grâce
Vous prépare une digne place,
Venez, mon Dieu,
Je vous désire,
Après vous je soupire!
Venez, mon Dieu.

N.° 43. *Sur le même air.*

ACTE D'ADORATION.

Quelle faveur!
Moi vile créature,
Avoir mon Dieu pour nourriture!
Quelle faveur!
O Roi suprême!
Vous logez dans moi-même,
Quelle faveur!

ACTE DE REMERCIEMENT.

Pour un tel don,
Que les Saints et les Anges,
Fassent retentir vos louanges,
Pour un tel don:
Que tout s'empresse,
A vous bénir sans cesse,
Pour un tel don.

ACTE D'AMOUR.

Mon doux Jésus,
Rédempteur plein de charmes,
Votre amour fait couler mes larmes,
Mon doux Jésus,
Ah! je vous aime,
Mon amour est extrême,
Mon doux Jésus.

ACTE D'OFFRANDE.

Tout est à vous,
Je vous le sacrifie,
Mon cœur et mes biens et ma vie,
Tout est à vous :
Pour mon seul maître
Je veux vous reconnaître,
Tout est à vous.

ACTE DE DEMANDE.

Jusqu'à la mort,
Régnez seul dans mon ame,
Que votre amour toujours m'enflamme
Jusqu'à la mort :
Dieu débonnaire,
A vous je veux plaire
Jusqu'à la mort.

N.° 44. *Te bien aimer, etc.*

Qu'ils sont aimés, grand Dieu, tes tabernacles !
Qu'ils sont aimés et chéris de mon cœur !
Là, tu te plais à rendre tes oracles,
La foi triomphe, et l'amour est vainqueur.

Qu'il est heureux celui qui te contemple,
Et qui soupire au pied de tes autels !
Un seul moment qu'on passe dans son temple,
Vaut mieux qu'un siècle au palais des mortels.

Je nage au sein des plus pures délices;
Le ciel entier, le ciel est dans mon cœur.
Dieu de bonté, de faibles sacrifices
Méritaient-ils cet excès de bonheur ?

En les comblant par un charme suprême,
Un Dieu puissant irrite mes désirs :
Il me consume, et je sens que je l'aime;
Et cependant je m'exhale en soupirs.

Autour de moi, les anges en silence
D'un Dieu caché contemplent la splendeur.

Anéantis en sa sainte présence,
O chérubins ! enviez mon bonheur.

Et je pourrais, à ce monde qui passe,
Donner un cœur par Dieu même habité !
Non, non, mon Dieu, je suis tout par ta grâce :
Dieu, sauve-moi de ma fragilité !

En souverain, règne, commande, immole,
Règne sur-tout par le droit de l'amour.
Adieu, plaisirs : adieu, monde frivole ;
A Jésus seul j'appartiens sans retour.

N.° 45. Air : *Jadis un célèbre empereur.*

Mon cœur en ce jour solennel,
Il faut enfin choisir un maître :
Balancer serait criminel,
Quand Dieu seul est digne de l'être,
C'en est donc fait, ô Dieu Sauveur !
A vous seul je donne mon cœur. } *bis.*

A qui doit-il appartenir,
Ce cœur qui vous doit l'existence,
Que vous avez daigné nourrir
De votre immortelle substance? C'en est, etc.

A chercher la félicité,
Hélas ! en vain je me consume ;
Loin de vous tout est vanité,
Déplaisir, tristesse, amertume. C'en est, etc.

Vous seul pouvez me rendre heureux ;
Je le sens, oui, votre présence
A pleinement comblé mes vœux,
Et fixé ma longue inconstance. C'en est, etc.

Que sont tous les biens d'ici-bas?
Qu'ils ont peu de valeur réelle !
Tous ensemble ils ne peuvent pas
Satisfaire une ame immortelle. C'en est, etc.

Que puis-je désirer de plus?
Je possède mon Dieu lui-même.
Ah ! tous les biens sont superflus,
Quand on jouit du bien suprême. C'en est, etc.

En vain, trop séduisants plaisirs,
Vous faites briller tous vos charmes!
Vous trompez toujours nos désirs,
Et vous finissez par des larmes. C'en est, etc.

Dans votre festin précieux,
Quelle innocente et douce ivresse!
O quel plaisir délicieux
Me fait goûter votre tendresse! C'en est, etc.

Le monde prétend à tout prix
Qu'à suivre ses lois je m'engage;
Tu n'obtiendras que mon mépris,
Monde aussi trompeur que volage. C'en est, etc.

Vous m'avez dit avec douceur:
Mon enfant, prends mon joug aimable;
Quand on le porte avec ardeur,
Il est léger, doux, agréable. C'en est, etc.

Qu'ils sont étonnants vos bienfaits!
Leur grandeur fait mon impuissance;
Eh! comment pourrais-je jamais
Acquitter ma reconnaissance? C'en est, etc.

Vous voulez bien me demander
De mon cœur la chétive offrande:
Hésiterai-je d'accorder
Ce que le Tout-Puissant demande? C'en est, etc.

Oui, ce cœur vous est consacré;
Je veux que toujours il vous aime;
J'en atteste le nom sacré
Qu'il tient de votre amour extrême. C'en est, etc.

N.° 46. Air : *Charmantes fleurs, etc.*

Le monde en vain, par ses biens et ses charmes,
Veut m'engager à plier sous sa loi;
Mais pour me vaincre il faut bien d'autres armes;
Je ne crains rien, Jésus est avec moi. *bis.*

Venez, venez, fiers enfants de la terre,
Déchaînez-vous pour me remplir d'effroi.

Quand de concert vous me feriez la guerre,
Je ne crains rien, Jésus est avec moi. *bis.*

Cruel Satan, arme-toi de ta rage;
Que tes démons se liguent avec toi:
Tu ne pourras abattre mon courage;
Je ne crains rien, Jésus est avec moi. *bis.*

Non, non, jamais la mort la plus cruelle
Ne me fera trahir ce divin roi;
Jusqu'au trépas je lui serai fidèle:
Je ne crains rien, Jésus est avec moi. *bis.*

Que les enfers, les airs, la terre et l'onde
Conspirent tous à me remplir d'effroi;
Quand je verrais sur moi crouler le monde,
Je ne crains rien, Jésus est avec moi. *bis.*

Divin Jésus, mon unique espérance,
Vous pouvez tout; oui, Seigneur, je le crois:
Augmentez donc pour vous ma confiance.
Je ne crains rien, Jésus est avec moi. *bis.*

Elévation ou Bénédiction du Saint-Sacrement.

N.° 47. Air: *Du bon repos.*

Adorons tous dans ce profond mystère
Un Dieu caché que notre foi révère;
Que nos œuvres, nos cœurs,
Et nos chants les plus doux
S'accordent à louer
Un Dieu si près de nous. *bis.*

Pour nous sauver et nous donner la vie,
O doux Jésus! vous êtes dans l'Hostie;
Ah! soulagez nos maux,
Calmez nos passions,
Et répandez sur nous
Vos bénédictions. *bis.*

Honneur, amour et louange ineffable,
Au Père, au Fils, à l'Esprit adorable,
Louange à tous les trois;
Gloire à leur unité
Dans la suite des temps
Et dans l'éternité. *bis.*

N.° 48. *Sur un air de trompette.*

Voici, sur cet Autel, notre Dieu tout-puissant,
Voici le souverain des têtes couronnées,
Croyons, chrétiens, croyons, croyons,
C'est le Dieu des armées,
Adorons, adorons ses grandeurs,
Dans son abaissement.

Oui, nous voici, grand Dieu, descendez de Sion
Pour être parmi nous un Agneau débonnaire;
Régnez, grand Dieu, régnez, régnez,
Au Ciel et sur la terre.
Donnez-nous, donnez-nous maintenant
La bénédiction.

Que tout rende au Seigneur ses adorations;
Grand Dieu, qu'en tous les temps votre règne s'accroisse;
Régnez, mon Dieu, régnez, régnez sur toute la paroisse;
Versez-y (*bis*) des trésors de bénédictions.

N.° 49. Air : *Aimable Croix.*

Sur cet Autel,
Ah! que vois-je paraître?
Jésus, mon Roi, mon divin maître,
Sur cet Autel,
Sainte Victime,
Vous expiez mon crime
Sur cet Autel.

De tout mon cœur,
Dans ce sacré mystère,
Je vous adore et vous révère;
De tout mon cœur,
Bonté suprême,
Que toujours je vous aime
De tout mon cœur.

Embrasez-moi,
Embrasez tout le monde,
Qu'à vos beaux feux chacun réponde.
Embrasez-moi,

Amour suprême,
Qu'à jamais je vous aime,
Embrasez-moi.

Bénissez-moi,
Dieu de miséricorde,
Souffrez qu'un pécheur vous aborde.
Bénissez-moi,
Et quoiqu'indigne
De cette grâce insigne,
Bénissez-moi.

Pardon, mon Dieu,
De nos fautes commises,
De tant d'excès dans nos églises;
Pardon, mon Dieu,
De tant d'offenses,
De tant d'irrévérences;
Pardon, mon Dieu.

N.° 50. Air : *Un jour, etc.*

DANS ce profond mystère
Où l'on ne peut vous voir,
Tout en nous vous révère,
Vous faites notre espoir.
A la fin de la vie,
Divine Eucharistie,
Nourris du pain d'amour,
Dans la cité chérie,
Nous vous verrons (un jour (*bis.*)
Nous vous verrons (un jour. (*bis*).

Puisse notre tendresse
Puiser dans votre cœur
La sublime sagesse
Qui mène au vrai bonheur!
A la fin, etc.

Daignez sur nous répandre
Vos bénédictions;
Et faites-nous comprendre
La grandeur de vos dons.
A la fin, etc.

Sacré-Cœur.

N.° 51. *Air du Serment français.*

PÉCHEURS, entendez-vous la foudre
Déjà prête à nous frapper tous?

Elle va nous réduire en poudre !
Hâtons-nous, par nos pleurs, d'en prévenir les coups.
Pleurons notre coupable ivresse, (*bis.*)
Sortons de notre longue erreur,
Jésus nous invite et nous presse;
Courons, volons nous jeter dans son cœur. (*bis.*)

Ah! si par nos larmes amères
Enfin, nous n'apaisons le Ciel,
De tous les crimes de nos pères
Sur nous se vengera le bras de l'Éternel.
Pleurons, etc.

L'impiété victorieuse
Se propage de toutes parts,
Sa main triomphante, orgueilleuse,
Contre le Tout-Puissant lève ses étendards.
Pleurons, etc.

Quoi! c'est au Maître du tonnerre,
Mortels, que s'adressent vos traits!
Faisons, disent-ils, sur la terre
Disparaître son nom et son culte à jamais.
Pleurons, etc.

Arrête, peuple impie, arrête,
Ton Dieu, de sa gloire est jaloux:
Le glaive est levé sur ta tête,
Ah! du Ciel irrité redoute le courroux.
Pleurons, etc.

Frémis, superbe Babylone!
Source impure d'iniquités:
Frémis, jusques au pied du trône
D'un Dieu juste et puissant, tes crimes sont montés.
Pleurons, etc.

O mortel, ingrat et rebelle,
Cesse enfin d'endurcir ton cœur:
La voix de ton Dieu te rappelle,
Il cherche le retour, non la mort du pécheur.
Pleurons, etc.

Notre Dieu, chrétiens, est un père;
Il est juste, mais il est bon:
Un soupir fléchit sa colère;
Aux pleurs du repentir il offre le pardon.
Pleurons, etc.

Ninive, jadis infidelle,
Désarma le Ciel par ses cris :
Comme elle, ô France criminelle,
Viens gémir sous la cendre, et tes maux sont finis.
Pleurons, etc.

Grand Dieu, prends pitié de la France ;
Elle fut ton peuple chéri.
Dans Sodome, si ta clémence
Eût vu dix innocents, elle n'eût point péri.
Pleurons, etc.

N'es-tu plus le Dieu qui pardonne ?
Où sont tes antiques bontés ?
Dans l'horreur qui nous environne,
N'entends-tu que la voix de nos iniquités ?
Pleurons, etc.

Dévotion à la Sainte Vierge.

N.° 52. Air : *Le temps de la jeunesse...* ; ou *Il pleut, il pleut, bergère.*

Adressons notre hommage
A la Reine des cieux ;
Elle aime de notre âge
La candeur et les vœux.
Du beau nom de Marie
Faisons tout retentir ;
Qu'elle-même attendrie
Daigne nous applaudir.

Tout ici parle d'elle,
Son nom règne en ces lieux ;
Nous croissons sous son aile,
Nous vivons sous ses yeux.
Cet autel est le trône
D'où coulent ses faveurs ;
Son divin Fils lui donne
Tous ses droits sur nos cœurs.

Pour nous, qu'elle rassemble
Au pied de son autel,
Jurons-lui tous ensemble
Un amour éternel.
Marie est notre Mère,
Nous sommes ses enfants ;
Consacrons à lui plaire
Le printemps de nos ans.

O Vierge sainte et pure !
Notre cœur, en ce jour,
Vous promet et vous jure
Un éternel amour.
Nous voulons, avec zèle,
Imiter vos vertus ;
Vous êtes le modèle
Que suivent les élus.

Protégez-nous sans cesse
Dès nos plus tendres ans,
Guidez notre jeunesse,
Veillez sur vos enfants ;
Et, parmi les orages
D'un monde séducteur,
Sauvez-nous des naufrages
Où périt la pudeur.

N.° 53. Air : *O Dieu dont je tiens l'être.*

Je mets ma confiance,
Vierge en votre secours,
Servez-moi de défense,
Prenez soin de mes jours;
Et quand ma dernière heure
Viendra fixer mon sort,
Obtenez que je meure
De la plus sainte mort.

A votre bienveillance,
O Vierge, j'ai recours,
Soyez mon assistance
En tous lieux et toujours;
Vous-même êtes ma mère,
Jésus est votre fils;
Portez-lui la prière
De vos enfants chéris.

A dessein de vous plaire,
O Reine de mon cœur!
Je promets ne rien faire
Qui blesse votre honneur,
Je veux que, par hommage,
Ceux qui me sont sujets,
En tous lieux, à tout âge,
Prennent vos intérêts.

Voyez couler mes larmes,
Mère du bel amour,
Finissez mes alarmes
Dans ce triste séjour;
Venez rompre mes chaînes,
Je veux aller à vous:
Aimable Souveraine,
Régnez, régnez sur nous.

N.° 54. Air : *Fut-il jamais erreur, etc.*

Mère de Dieu, du monde Souveraine,
Vous qui voyez à vos pieds tous les rois,
Je vous choisis aujourd'hui pour ma Reine,
Et me soumets pour toujours à vos lois. (*bis.*)

Je mets ma gloire à vous marquer mon zèle,
A vous aimer, à vous faire servir.
Ah! si mon cœur devait être infidèle,
J'aimerais mieux dès-à-présent mourir. (*bis.*)

Secourez-moi, puissante Protectrice,
Secourez-moi jusqu'au dernier soupir;
Pour que toujours je m'éloigne du vice,
Par vos bontés, daignez me soutenir. (*bis.*)

Vierge sans tache, admirable Marie,
Je veux partout publier vos grandeurs,
Et m'employer, le reste de ma vie,
A vous servir, à vous gagner des cœurs. (*bis*

Ah! quel bonheur, Vierge, quand on vous aime.
Quelle douceur! ah! quel glorieux sort!

En vous aimant, sûr de plaire à Dieu même,
On se procure une paisible mort. (*bis.*)

Pour mériter ce bien inestimable,
Après Jésus vous serez mon appui,
Et vous tiendrez, ô Mère tout aimable!
Le premier rang dans mon cœur après lui. (*bis.*)

Vous en serez toujours seule la Reine,
Et votre Fils en sera seul le Roi :
Lui Souverain, vous-même Souveraine,
Tous deux ensemble y donnerez la loi. (*bis.*)

N.° 55. Air : *L'encens des fleurs embaume, etc.*

Mère de Dieu, quelle magnificence
Orne aujourd'hui ton aimable séjour!
C'est en ces lieux que mon heureuse enfance
Vint à tes pieds te vouer son amour.
Tendre Marie!
O mon bonheur!
Toujours chérie,
Tu vivras dans mon cœur.

O mon refuge! ô Marie! ô ma mère!
Combien sur moi tu versas de bienfaits!
Combien de fois, dans ce doux sanctuaire,
Mon triste cœur a retrouvé la paix!
Tendre Marie! etc.

Mon œil à peine avait vu la lumière,
Et ton amour veillait sur mon berceau;
Tous mes instants, ô mon aimable Mère,
Furent marqués par un bienfait nouveau.
Tendre Marie! etc.

Anges, soyez témoins de ma promesse!
Cieux, écoutez ce serment solennel!
« Oui, c'en est fait, mon cœur plein de tendresse,
» Jure à Marie un amour éternel. »
Tendre Marie! etc.

Si je pouvais, infidèle et volage,
Un seul instant cesser de te chérir,
Tranche mes jours à la fleur de mon âge,

Je t'en conjure, ah! laisse-moi mourir.
Tendre Marie! etc.

N.° 56.

D'une mère chérie
Célébrons les grandeurs;
Consacrons à Marie
Et nos voix et nos cœurs.

Chœur.

De concert avec l'Ange,
Quand il la salua,
Disons à sa louange
Un *Ave, Maria.*

Modeste créature,
Elle plut au Seigneur;
Et Vierge toujours pure,
Enfanta le Sauveur.
De concert, etc.
Nous étions la conquête
Du tyran des enfers,
En écrasant sa tête,
Elle a brisé nos fers.
De concert, etc.

Que l'espoir se relève
En nos cœurs abattus;
Par cette nouvelle Eve
Les cieux nous sont rendus.
De concert, etc.

O Marie! ô ma mère!
Prenez soin de mon sort:
C'est en vous que j'espère
En la vie, à la mort.
De concert, etc.

Obtenez-nous la grâce,
A notre dernier jour,
De vous voir face à face
Au céleste séjour.
De concert, etc.

N.° 57. Air : *A l'amour livrez vos cœurs.*

Triomphez, reine des cieux,
A vous bénir que tout s'empresse;
Triomphez, reine des cieux,
Dans tous les temps, dans tous les lieux.
Que l'amour nous prête,
En ce jour de fête,
Que l'amour nous prête
Les plus doux accords;
Et que votre voix s'apprête
A seconder nos efforts.
Triomphez, etc.

Célébrons en ce saint jour
Les vertus de l'humble Marie;

Célébrons en ce saint jour
Et ses bienfaits et son amour.
Sans cesse enrichie,
Jeunesse chérie,
Sans cesse enrichie
Des plus heureux dons:
C'est de la main de Marie,
Enfants, que nous les tenons.
Triomphez, etc.

Qu'à jamais de ses faveurs
Nos chants rappellent la mémoire
Qu'à jamais de ses faveurs
Le souvenir charme nos cœurs.
Le ciel et la terre,
Ravis de lui plaire,
Le ciel et la terre
Chantent ses appas.
Vos enfants, ô tendre mère!
Ne vous béniront-ils pas?
Triomphez, etc.

Achevez notre bonheur;
Retracez en nous votre image;
Achevez notre bonheur,
Et gravez dans nous votre cœur.
Guidez de l'enfance,
Par votre puissance,
Guidez de l'enfance
Les pas chancelants,
Et que l'aimable innocence
Couronne nos derniers ans.
Triomphez, etc.

N.° 58. Air : *Pauvre Jacques, etc.*

UNE VOIX.

Vous qu'en ces lieux combla de ses bienfaits
Une mère auguste et chérie,
Enfants de Dieu, que nos chants à jamais
Exaltent le nom de Marie. *bis.*
Je vois monter tous les vœux des mortels
Vers le trône de sa clémence;

Tout à sa gloire élève des autels
Des mains de la reconnaissance.

TOUS.

Nous qu'en ces lieux combla de ses bienfaits
Une mère auguste et chérie,
Enfants de Dieu, que nos chants à jamais
Exaltent le nom de Marie. *bis.*

Ici, sa voix puissante sur nos cœurs
A la vertu nous encourage;
Sur le saint joug elle répand des fleurs;
Notre innocence est son ouvrage. *bis.*
Si le lion rugit autour de nous,
Elle étend son bras tutélaire;
L'enfer frémit d'un impuissant courroux,
Et le ciel sourit à la terre.
Nous qu'en ces lieux, etc.

Quand le chagrin, de ses traits acérés
Blesse nos cœurs et les déchire,
Sensible mère, elle est à nos côtés;
Avec nos cœurs le sien soupire. *bis.*
Combien de fois sa prévoyante main
De l'ennemi rompit la trame!
Nous la priions et nous sentions soudain
La paix descendre dans notre ame.
Nous qu'en ces lieux, etc.

Battu des flots, vain jouet du trépas,
La foudre grondant sur sa tête,
Le nautonnier se jette dans ses bras,
L'invoque et voit fuir la tempête. *bis.*
Tel le chrétien, sur ce monde orageux,
Vogue toujours près du naufrage;
Mais à Marie adresse-t-il ses vœux,
Il aborde en paix au rivage.
Nous qu'en ces lieux, etc.

Heureux celui qui, dès ses premiers ans,
Se fit un bonheur de lui plaire!
Heureux ceux qu'elle adopta pour enfants!
La reine des cieux est leur mère. *bis.*
Oui, sa bonté se plaît à secourir
Un cœur confiant qui la prie.
Siècles, parlez!.... Vit-on jamais périr

Un vrai serviteur de Marie!
Nous qu'en ces lieux, etc.

Nos fronts, pécheurs, pâlissent abattus
A l'aspect du souverain Juge;
Ah! si Marie est reine des vertus,
Des pécheurs elle est le refuge. *bis.*
Déposez donc en son sein maternel
Votre repentir et vos larmes:
Elle priera..... des mains de l'Éternel
Bientôt s'échapperont les armes.
Nous qu'en ces lieux, etc.

Si vous avez, dans sa fraîcheur,
Conservé la tendre innocence,
Ah! votre mère en a sauvé la fleur;
Elle vous garda dès l'enfance. *bis.*
A son autel, venez, enfants chéris,
Savourer de saintes délices.
Consacrez-lui vos cœurs et vos esprits;
Elle en mérite les prémices.
Nous qu'en ces lieux, etc.

Temple divin, ô asile béni!
Faut-il donc quitter ton enceinte!
Faut-il aller de ce monde ennemi
Braver la meurtrière atteinte! *bis.*
Tendre Marie! ah! nous allons périr;
Le scandale inonde la terre!
Veillez sur nous, daignez nous secourir;
Montrez-vous toujours notre mère.
Nous qu'en ces lieux, etc.

N.° 59. Air : *Rien, tendre amour, etc.*

Je vous salue, auguste et sainte reine,
Dont la beauté ravit les immortels;
Mère de grâce, aimable souveraine,
Je me prosterne aux pieds de vos autels. *bis.*

Je vous salue, ô divine Marie!
Vous méritez l'hommage de nos cœurs:
Après Jésus, vous êtes et la vie,
Et le refuge, et l'espoir des pécheurs. *bis.*

Fils malheureux d'une coupable mère,
Bannis du ciel, les yeux baignés de pleurs;
Nous vous faisons, de ce lieu de misère,
Par nos soupirs entendre nos douleurs. *bis.*

Écoutez-nous, puissante protectrice;
Tournez sur nous vos yeux compatissants;
Et montrez-nous qu'à nos malheurs propice,
Du haut des cieux vous aimez vos enfants. *bis.*

O douce, ô tendre, ô pieuse Marie!
Vous, dont Jésus mon Dieu reçut le jour;
Faites qu'après l'exil de cette vie,
Nous le voyions dans l'éternel séjour. *bis.*

N.° 60. *Air connu.*

Je veux célébrer par mes louanges,
La gloire de la reine des cieux;
Et m'unissant au concert des anges,
Je m'engage à la chanter comme eux.
Je m'engage, etc.

Sur vos pas, ô divine Marie!
Plus heureux qu'à la suite des rois,
Dès ce jour, et pour toute ma vie,
Je m'engage à vivre sous vos lois.
Je m'engage, etc.

Si du monde écoutant le langage,
Du plaisir j'ai cherché les attraits,
A vous posséder seule en partage,
Je m'engage aujourd'hui pour jamais.
Je m'engage, etc.

Admire ton bonheur, ô mon ame!
Le ciel même doit en être jaloux,
Puisqu'en suivant l'ardeur qui t'enflamme,
Tu t'engages aux devoirs les plus doux.
Tu t'engages, etc.

Par un culte constant et sincère,
Par un vif et généreux amour,
A servir, à chérir une mère
Tu t'engages aujourd'hui sans retour.
Tu t'engages, etc.

Mais si tu veux lui marquer ton zèle,
Et participer à son bonheur,
Il faut qu'à suivre en tout ce modèle,
Tu t'engages et d'esprit et de cœur.
Tu t'engages, etc.

Mère sensible et compatissante,
Soutiens, au milieu des combats,
Les efforts d'une ame pénitente,
Qui s'engage à marcher sur tes pas.
Qui s'engage, etc.

Tu n'es plus qu'une terre étrangère
Pour moi, monde volage et trompeur;
Je ne veux plus servir qu'une mère
Qui s'engage à faire mon bonheur.
Qui s'engage, etc.

Unissez vos voix, peuple fidèle,
Aux accords des esprits bienheureux,
Pour chanter les louanges de celle
Qui s'engage à combler tous mes vœux.
Qui s'engage, etc.

N.° 61.

Dieu tout-puissant, Dieu de bonté,
Qui connaissez notre misère,
Touché de notre infirmité,
Calmez votre juste colère.
Nous mettons notre espoir en vous;
Seigneur, ayez pitié de nous.
Chœur. Nous mettons, etc.

Jésus, adorable Sauveur,
Qui, fléchi par la pénitence,
Abandonnez votre rigueur
Pour exercer votre clémence;
Nous mettons, etc.
Chœur. Nous mettons, etc.

Père de toute éternité,
Fils de Dieu, Rédempteur des hommes,
Esprit, source de sainteté,
Qui voyez l'état où nous sommes,

Nous mettons, etc.
Chœur. Nous mettons, etc.

Unité sans division,
Trois Personnes en une essence,
Trinité sans confusion,
Nous implorons votre assistance;
Nous mettons, etc.
Chœur. Nous mettons, etc.

Marie, ô miroir de pudeur,
Et des Vierges la protectrice,
Comme nous avons le bonheur
D'être admis à votre service,
Nous avons tous recours à vous,
Mère de Dieu, priez pour nous.
Chœur. Nous avons, etc.

Vierge, Mère de Jésus-Christ,
Mère de la grâce divine:
Nulle souillure ne flétrit
Votre vie ou votre origine;
Nous avons, etc.
Chœur. Nous avons, etc.

Mère du bel et chaste amour,
Que le ciel et la terre admire,
Jésus même vous doit le jour,
Il est soumis à votre empire;
Nous avons, etc.
Chœur. Nous avons, etc.

Merveille de fidélité,
Parfait miracle de prudence,
Vous avez toute autorité,
Vous n'avez pas moins de clémence;
Nous avons, etc.
Chœur. Nous avons, etc.

Cause aimable de nos plaisirs,
Rare modèle de justice,
Présentez à Dieu nos désirs,
Et faites qu'il nous soit propice.
Nous avons, etc.
Chœur. Nous avons, etc.

Vase rempli de sainteté,
Vase d'un prix inestimable,

Vase que la Divinité
Nous rend à jamais honorable ;
Nous avons, etc.
Chœur. Nous avons, etc.

Rose mystique, Palais d'or,
Tour de David, inébranlable,
Tour d'ivoire, riche trésor,
En qui tout est incomparable ;
Nous avons, etc.
Chœur. Nous avons, etc.

Arche d'alliance et d'amour,
Du matin la brillante Étoile,
Porte de cet heureux séjour
Où Dieu se découvre sans voile.
Nous avons, etc.
Chœur. Nous avons, etc.

Source ineffable de tous biens,
Puissant refuge des coupables,
Secours assuré des chrétiens,
Soulagement des misérables,
Nous avons, etc.
Chœur. Nous avons, etc.

Reine de la terre et des cieux,
Des Patriarches, des Prophètes,
De tant d'Apôtres glorieux,
De tant d'invincibles Athlètes,
Nous avons, etc.
Chœur. Nous avons, etc.

Reine à qui tous les Confesseurs
Doivent l'honneur de leur victoire,
Reine à qui tous les chastes cœurs
Et tous les Saints doivent leur gloire ;
Nous avons, etc.
Chœur. Nous avons, etc.

Agneau de Dieu dont la bonté
Vous a fait charger de nos crimes,
Pour calmer un père irrité,
Nous n'avons pas d'autres victimes ;
Nous mettons notre espoir en vous,
Divin Jésus, exaucez-nous.
Chœur. Nous mettons, etc.

Agneau de Dieu qui, sur la croix,
Satisfîtes pour notre offense,
Nous avons ressenti cent fois
Les effets de votre clémence;
Nous mettons, etc.
Chœur. Nous mettons, etc.

Agneau de Dieu dont la douceur
Ne permet pas que la justice
Exerce sur nous sa rigueur,
En nous condamnant au supplice;
Nous mettons, etc.
Chœur. Nous mettons, etc.

Commandements.

N.° 62. Air : *L'encens des fleurs.*

Tu prétends plaire à ma mère chérie,
Mais promets-tu de marcher sur ses pas?
Marie en tout m'a consacré sa vie,
Et m'a servi jusques à son trépas.
Oui, divin maître,
Je le promets;
Je te veux être
Fidèle désormais.

Pour mon saint Nom ma mère incomparable
A toujours eu le respect le plus grand;
Abhorras-tu le blasphème exécrable,
Le faux, le vrai, et l'injuste serment?

Jamais ma mère, à mes ordres docile,
Ne travailla le saint jour du Seigneur;
Ne fais-tu point, toi, quelqu'œuvre servile?
Consacres-tu ce jour au créateur?

On vit ma mère obéir et sans peine
A ses parents, à ses persécuteurs;
Me promets-tu, comme ta souveraine,
De respecter tous tes supérieurs?

Pour imiter ma divine clémence,
Ma mère aima les bons et les méchants;

Pardonnes-tu, sans esprit de vengeance?
Et pour m'aimer, aimes-tu mes enfants?

Vierge sans tache et mère toujours pure,
Elle n'aimait que son Dieu, que sa loi;
Abhorres-tu la damnable luxure
Qui prostitue un cœur créé pour moi?

Pauvre par choix, étrangère à la terre,
Elle donnait tous ses biens pour le ciel;
Méprises-tu cette terre étrangère?
Abhorres-tu le larcin criminel?

Ma mère aimait la vérité suprême,
Parlait très-peu, toujours par charité;
Me promets-tu de veiller sur toi-même,
Pour suivre en tout l'aimable vérité?

Rien de créé ne captivait son ame,
Plaire à son Dieu, c'était tout son plaisir;
Quel est l'objet, mon enfant, qui t'enflamme?
Abhorres-tu tout sensuel désir?

Son Dieu faisait son unique partage,
Le posséder faisait tout son bonheur;
Veux-tu prétendre au céleste héritage?
N'attache point sur la terre ton cœur.

Toujours ma mère à la loi fut soumise,
Voyant son Dieu dans le législateur;
Respectes-tu les lois de mon Église,
En célébrant les fêtes du Seigneur?

Elle employait à mon divin service
Les jours sacrés de la religion;
Viens-tu m'offrir le divin sacrifice
Fête et dimanche avec dévotion?

Ma mère sainte et de grâces ornée,
Se rabaissait au-dessous du pécheur;
Confesses-tu pour le moins chaque année
Tous tes péchés à un bon confesseur?

Après ma mort ma mère immaculée
Me recevait tous les jours humblement;
Viens-tu t'asseoir à ma table sacrée
Au moins à Pâque avec empressement?

Pour mieux s'unir à son Seigneur suprême,
Elle domptait son corps et tous ses sens,
Te punis-tu par le jeûne au carême,
Chaque vigile et tous les quatre-temps ?

Ne prenant rien que par obéissance,
Ses repas même étaient édifiants;
Pratiques-tu constamment l'abstinence,
Comme l'enjoint l'Église à ses enfants ?

A saint Joseph.

N.° 63.

Chaste époux d'une Vierge mère,
Qui nous adopta pour enfants,
Vous êtes aussi notre père,
Vous en avez les sentiments.

Témoin de l'enfance
Et des premiers pas de Jésus,
Inspirez-moi son innocence,
Faites naître en moi ses vertus.

Qu'il est beau, qu'il est plein de grâce
Ce lis qui brille dans vos mains!
Sa céleste blancheur efface
La couronne de tous les Saints.
Témoin, etc.

O Chef de la famille sainte,
Saint Patriarche, ô noble Époux,
Joseph, ouvrez-moi cette enceinte
Où mon Dieu vécut avec vous.
Témoin, etc.

Dites-moi quel fut son silence,
Sa douceur, son humilité,
Son admirable obéissance,
Et son immense charité.
Témoin, etc.

Apprenez-moi comment on l'aime,
Comment il reçoit notre amour,
Comment pour sa bonté suprême

Tout cœur doit brûler chaque jour.
Témoin, etc.

Daignez tous les jours de ma vie
Veiller sur moi, me secourir,
Et qu'entre Jésus et Marie
Comme vous je puisse mourir.
Témoin, etc.

A l'Ange Gardien.

N.° 64. Air : *Où peut-on être mieux ?*

O vous qui nuit et jour, (*bis.*)
Céleste intelligence,
Dans ce triste séjour, (*bis.*)
Veillez à ma défense,
Qui portez mes soupirs, mes vœux
Aux pieds du Monarque des cieux ;
Ange de paix, par quel retour
Payerai-je tant d'amour ? } *bis.*

L'enfer veut me ravir (*bis.*)
A vos mains paternelles ;
Mais je ne puis périr, (*bis.*)
A l'ombre de vos ailes.
Satan s'est armé contre moi ;
Mais peut-il m'inspirer l'effroi ?
Soyez mon guide, mon soutien,
Et je ne crains plus rien. } *bis.*

Mais, ô combien de fois (*bis.*)
Mon cœur léger, volage,
Fut sourd à votre voix, (*bis.*)
A votre doux langage ?
Je repoussais un tendre ami
Pour suivre un cruel ennemi ;
Ah ! désormais vous obéir
Fera tout mon plaisir. } *bis.*

Expirer dans les bras (*bis.*)
De Jésus, de Marie,
O bienheureux trépas (*bis.*)
Qui nous donne la vie !

Dans ce moment, ô saint Pasteur,
Vous pouvez tout pour mon bonheur;
Suggérez-moi les noms chéris } *bis.*
De la Mère et du Fils.

Prières du matin.

N.° 65.

Présence de Dieu.

Dieu tout-puissant, dont la grandeur immense
Renferme tout dans sa divine essence,
Vous êtes tout en tous, et tout dans tous les lieux;
En vous nous respirons, et tout est sous vos yeux.

Adoration.

Plein de respect, je viens vous rendre hommage,
Je reconnais que je suis votre ouvrage;
Vous êtes seul ma fin, l'arbitre de mon sort,
Et de vous seul dépend et ma vie et ma mort.

Remerciement.

A vous bénir, Seigneur, tout me convie:
Je tiens de vous tous les biens de la vie:
Vous m'avez fait chrétien, destiné pour le ciel,
Et sauvé tant de fois d'un malheur éternel.

Offrande.

Je dois, Seigneur, devant vous me confondre;
A vos bontés je ne saurais répondre;
Mais daignez accepter, pour marque de retour,
Mon ame, mes désirs, mon cœur et mon amour.

Bon propos.

Je veux, Seigneur, d'un cœur tendre et sincère,
Vous obéir, vous aimer et vous plaire;
Chercher dans votre loi mon plaisir le plus doux,
Ne penser, ne parler et n'agir que pour vous.

Demande.

Du haut du ciel, écoutez mes prières,
Et guidez-moi par vos saintes lumières,

Que je passe ce jour et tous mes jours en paix,
En vous aimant toujours, et ne péchant jamais.

Prière à la très-sainte Vierge.

Reine du ciel, des pécheurs le refuge,
Dans votre Fils je dois trouver mon juge;
Apaisez son courroux; et, sensible à mon sort,
Rendez-le-moi propice à l'heure de ma mort.

A saint Joseph.

Époux très-pur d'une Vierge féconde,
Qui prîtes soin du Rédempteur du monde,
Obtenez qu'au moment qui doit finir mes jours,
Et la mère et le Fils viennent à mon secours.

A l'Ange Gardien.

Toi dont les yeux veillent sur ma conduite,
Ange du ciel, mets les démons en fuite,
Soutiens-moi dans ce jour, préside à mes combats;
Et redouble tes soins au jour de mon trépas.

Au saint Patron.

Pour apaiser la divine colère,
A tout le Ciel j'adresse ma prière:
Mais vous surtout, grand Saint, dont je porte le nom,
Daignez auprès de Dieu me servir de patron.

Sainte Messe.

N.° 66.

A l'Introït.

Plein d'un respect mêlé de confiance,
Qu'excite en nous, Seigneur, votre présence,
Connaissant qu'à vos yeux nous sommes criminels,
Nous cherchons un asile aux pieds de vos autels.

Au Confiteor.

Oui, devant vous, Dieu saint, Dieu redoutable,
Nous confessons que tout homme est coupable:

Mais voyant que nos cœurs sont vivement touchés,
Daignez, par votre grâce, effacer nos péchés.

Le Prêtre montant à l'autel.

Vous ne voyez en nous aucun mérite,
Mais tout le ciel pour nous vous sollicite:
Seigneur, prêtez l'oreille à tant d'intercesseurs,
Et rendez-vous aux vœux qu'ils font pour des pécheurs.

A l'Epître.

Éclairez-nous d'une lumière pure,
Pour pénétrer le sens de l'Ecriture;
Ou plutôt augmentez dans nos esprits la foi;
Et soumettez nos cœurs à votre sainte loi.

A l'Evangile.

Nous recevons avec un cœur docile
Les vérités que contient l'Evangile,
Et nous voulons, Seigneur, jusqu'au dernier moment,
Faire ce qu'il ordonne, et fuir ce qu'il défend.

Au Credo.

Avec respect, et d'une foi soumise,
Nous écoutons ce qu'enseigne l'Eglise,
C'est vous qui lui parlez, suprême Vérité;
Notre raison se rend à votre autorité.

A l'Offertoire.

Nous vous offrons le sang d'une Victime
Qui seule peut expier notre crime:
Et quoique votre bras soit levé contre nous,
Elle peut désarmer votre juste courroux.

Agréez donc un si grand sacrifice,
Et rendez-vous à tous nos vœux propice:
Le sang que votre Fils répandit sur la Croix,
Vous parle ici pour nous; écoutez-en la voix.

A la Préface.

Pour célébrer dignement vos louanges,
Nous nous joignons, Seigneur, avec vos Anges:
Ces heureux habitants du céleste séjour
Viennent tous à l'envi vous faire ici leur cour.

Que par leurs chants nos voix soient animées ;
Chantons : Saint, Saint, Saint le Dieu des armées.
Grâces à ses bontés, nous avons un Sauveur ;
Béni celui qui vient de la part du Seigneur.

Depuis le Sanctus *jusqu'à l'Elévation.*

Ce Dieu Sauveur parmi nous va descendre ;
C'est son amour qui l'oblige à s'y rendre :
Oui, parce qu'il nous aime, à la voix d'un mortel
Il obéit sans peine, et se rend sur l'autel.

Venez, Seigneur, hâtez-vous de paraître,
Pour nous servir de Victime et de Prêtre.
Nos vœux sont écoutés, Jésus descend des cieux,
Mais sous un voile obscur il se cache à nos yeux.

A l'Elévation.

O doux Jésus! ô salutaire Hostie,
Qui nous ouvrez le chemin de la vie,
Désarmez l'ennemi qui, par des traits mortels,
Ose nous attaquer jusqu'aux pieds des autels.

Pour apaiser la divine justice,
Vous vous offrez dans ce saint sacrifice.
J'adore votre Corps sous l'espèce du pain ;
J'adore votre Sang sous l'espèce du vin.

C'est votre chair, oui, votre chair si pure,
Que vous daignez m'offrir pour nourriture ;
C'est le sang précieux qui fut versé pour tous,
Dont vous faites encore un breuvage pour nous.

*A l'*Agnus Dei.

Agneau divin, vous êtes la victime,
Qui de ce monde avez porté le crime :
Achevez votre ouvrage, adorable Sauveur ;
Lavez dans votre sang les taches de mon cœur.

Au Domine, non sum dignus.

Moi, m'approcher de votre sainte table !
J'en suis indigne, hélas! je suis coupable ;
Mais d'un seul mot, Seigneur, vous pouvez me guérir ;
Alors, du pain des forts j'oserai me nourrir.

Au temps de la Communion.

Puisque mon Dieu jusqu'à moi veut descendre,
Quelle faveur n'en dois-je pas attendre?
O prodige! ô miracle! ô mystère d'amour!
L'Auteur de tous les biens fait en moi son séjour.

Pour le Roi.

Grand Dieu, de qui l'aimable providence
Se fit sentir tant de fois sur la France,
Bénissez le royaume, et faites de son Roi
Le bonheur des Français, le soutien de la foi.

Prières du soir.

N.° 67. Air : *Hélas! quelle douleur.*

Jésus!
O mon Sauveur,
Mon Créateur,
Source de mon être :
Jésus!
O mon Sauveur,
Toi de mon cœur
L'unique bonheur.
En ce jour,
Puis-je méconnaître
Que l'amour
Sur moi règne en Maître?
Jésus!
Aimable Roi,
Détruis en moi
Ce qui n'est pas toi.

Jésus!
Ton tendre amour
Fait, nuit et jour,
Ma douce allégresse;
Jésus!
Ton tendre amour
Fait, nuit et jour,
En moi son séjour :
Tous mes sens
Nagent dans l'ivrese;
Et je sens
Ta main qui me presse;
Jésus!
Ta sainte ardeur
Verse en mon cœur
L'excès du bonheur.

Amour
De mon Jésus!
Je n'y tiens plus,
Je te rends les armes;
Amour
De mon Jésus!
Je n'y tiens plus;
Mes sens sont vaincus.
Les soupirs,
Les brûlantes larmes
Des plaisirs
Détruisent les charmes.
Amour,
Tes divins feux
Sont-ils aux cieux
Plus délicieux?

Jésus !
Tout mon espoir
Est de te voir
Au céleste empire.
Jésus !
Tout mon espoir
Est de te voir
Au beau jour sans soir.
Non, l'attrait
D'un monde en délire
Ne saurait
En mon cœur détruire
Jésus !
Le doux plaisir,
L'ardent désir,
Pour toi de souffrir.

Seigneur !
Roi des vertus,
Pain des Elus,
Céleste pâture ;
Seigneur !
Roi des vertus,
Pain des Elus,
Que veux-je de plus ?
Si jamais,
Ingrat et parjure,
J'oubliais
Ta loi sainte et pure,
Seigneur !
Que le remords
Rende mon sort
Pire que la mort.

N.° 68.

Le bruit du combat vous appelle :
Aux armes, courez, chers enfants :
Le démon vous déclare une guerre cruelle,
Il faut vous préparer à des assauts sanglants.
Le bruit, etc.

Ce fier ennemi, plein de rage,
Sans cesse tourne autour de vous :
Il respire le sang, la foudre et le carnage ;
Tenez-vous toujours prêts à repousser ses coups.
Ce fier, etc.

Il veut procurer votre perte
Par mille artifices divers ;
Tantôt pour vous combattre, il vient à force ouverte,
Tantôt il vous attire dans des piéges couverts.
Il veut, etc.

Il veut vous ôter l'innocence,
Son but est de vous la ravir,
Par force ou par douceur, par ruse ou violence,
Par un vice ou par l'autre, il veut vous asservir.
Il veut, etc.

Dès votre plus tendre jeunesse,
Il veut vous exclure des cieux ;

Sans jamais se lasser, il vient, il va sans cesse,
Il vous suit nuit et jour, en tous temps, en tous lieux.
Dès, etc.

La chair, le démon et le monde
S'unissent pour vous terrasser,
Le démon vous combat, votre chair le seconde,
Le monde leur fournit des traits pour vous blesser,
La chair, etc.

Avec le démon tout conspire
A vous engager dans les fers;
Par mille et mille objets il provoque, il attire,
Il change en ennemis vos amis les plus chers.
Avec, etc.

Vous êtes encore dans l'enfance,
Qu'il presse au-dedans, au-dehors:
Avec lui tous vos sens étant d'intelligence,
Contre votre ame, hélas! il arme votre corps.
Vous êtes, etc.

Avec des esprits de malice
Il vous faut livrer des combats;
Contre vous, jeunes gens, l'infernale milice
Voltige dans les airs; ah! n'en tremblez-vous pas?
Avec, etc.

Lille. — Imp. de L. Lefort. — 1836.

www.ingramcontent.com/pod-product-compliance
Ingram Content Group UK Ltd.
Pitfield, Milton Keynes, MK11 3LW, UK
UKHW020329250726
13967UKWH00004B/1931